JE VEUX Comprendre

L'ESSENTIEL SUR L'ISLAM

Histoire et Fondements

Jamel Khermimoun

Préface Jean Baubérot

ALBOURAQ

Préface
Jean Baubérot

Voici un ouvrage attachant, écrit par un croyant qui veut allier foi et réflexion, spiritualité et apport des sciences humaines, pour pouvoir aller à « l'essentiel », au-delà des réductions trompeuses et des préjugés simplificateurs. Jamel Khermimoun nous présente, de façon synthétique, l'islam dans ses « fondements », les « grandes étapes » de son histoire, ses principaux « courants de pensée ». Il nous donne des précisions sur « l'islam en Europe » et il ne se dérobe pas devant la question de « l'extrémisme » et de la « violence », persuadé que cette dernière s'enracine essentiellement dans « l'ignorance ».

Notre auteur veut nous faire partager sa compréhension de l'islam vue de l'intérieur, sans que cela cautionne, le moins du monde, un « islam de repli » qui, pour lui, serait infidèle à sa vocation. Il me semble particulièrement significatif qu'au tout début de son livre, Jamel Khermimoun insiste sur la signification de l'*ijtihâd*, « effort individuel ou collectif d'interprétation des sources de l'islam », religion « par essence dynamique », et que les pages finales de son ouvrage comportent une vigoureuse défense de la liberté de conscience : « En islam, personne n'est en droit de statuer, ni sur les convictions, ni sur les croyances d'autrui, tant qu'elles n'empiètent pas sur la liberté des autres, car cela reviendrait à se placer au-dessus du commun des mortels pour s'auto-attribuer un pouvoir de jugement forcément illégitime. »

De l'*ijtihâd*, catégorie spécifiquement islamique, à la liberté de conscience, « droit inaliénable reconnu tant par les croyants que les non croyants », tel est donc le cheminement de notre auteur. En effet, l'*ijtihâd*, lui permet de contextualiser d'autres notions fondamentales, souvent mal comprises car plus ou moins dépossédées de leur dimension spirituelle, tels la *charia*, le *jihad* ou le *minhaj*. Cet « effort d'interprétation » lui permet également d'effectuer le constat que « l'histoire de l'islam n'est pas rectiligne », elle se marque « par des évolutions tumultueuses » et donc « passionnantes à plusieurs égards ». Cela l'amène, enfin, à considérer l'islam à la fois dans son unité et dans sa pluralité d'expressions.

La liberté de conscience, elle, détermine le rapport des musulmans à leurs semblables. Et il n'est pas étonnant que notre auteur s'intéresse plus spécifiquement à la situation de l'islam en Europe, estimant, à l'instar d'Alain Touraine, que l'islam européen peut jouer « un rôle dynamique et modernisateur à l'intérieur du monde islamique dans son ensemble », tout en manifestant la persistance, en Europe, de « demandes de spiritualité et de réflexion sur le sens de la vie. »

Jamel Khermimoun prend en compte les spécificités du contexte de chaque pays, la multiplicité des enjeux et ne cache nullement les difficultés qui persistent, mais il veut également percevoir certains changements. Ainsi, en France, si l' actualité (qui n'est qu'une partie de la réalité historique et sociale) s'est, souvent, focalisée sur des affaires qui mettent en jeu « la visibilité de l'islam et sa place dans l'espace public », l'époque de ce que l'on a appelé "l'islam des caves" est, pour l'essentiel, révolue : « Aujourd'hui, les projets de mosquées font localement l'objet de compromis entre les citoyens de confession musulmane et les municipalités, et, généralement, les choses se concrétisent sans remous, ni accrochages ». Il me semble, en effet, important de se montrer extrêmement attentif aux transactions et accommodements divers qui permettent de dédramatiser bien des situations et de tisser du lien social convivial.

Reste, selon notre auteur, que « dans les faits, nombre de citoyens européens de confession musulmane vivent une sorte de déchirement entre la culture de leurs ascendants et ce qui est propre à la culture de leur pays. » Il en appelle, alors, à un double dépassement. Dépassement de « l'anxiété d'une culture occidentale », d'une « défiance persistante » à l'égard des « citoyens de confession musulmane », d'un côté ; dépassement d'une « vision sommaire et superficielle de l'islam » qui « met l'accent sur ce qui est apparent (gestuelle, hygiène corporelle, tenue vestimentaire) pour éluder la substance » et « le fait que le regard de Dieu » se porte « sur les aspirations profondes du cœur » de l'autre. Ainsi la « double culture » pourrait devenir une « richesse », et chacun pourrait « apporter sa pierre à l'édifice en allant dans le sens [...] d'un renforcement du patrimoine commun, des valeurs qui rassemblent l'ensemble des citoyens. »

« Beaucoup reste à faire », reconnait Jamel Khermimoun. Raison de plus pour que « les jeunes intellectuels de confession musulmane œuvrent à l'émergence d'une identité européenne fidèle à leurs convictions et à une identité musulmane en phase avec les valeurs européennes. » À sa manière, ce livre peut y contribuer.

Paris, Mai 2022.

Jean Baubérot

Introduction

L'islam, qui est par essence amour et paix, a conquis au fil des siècles le cœur de millions d'individus à travers le globe. Ses préceptes prônent la facilité et les valeurs humaines universelles auxquelles aspire tout un chacun : paix, respect, justice, solidarité, partage, fraternité, dignité, honneur…

L'islam est une religion qui s'inscrit dans la continuité des cultes monothéistes, le judaïsme et le christianisme. Le terme « religion » est entendu ici dans le sens que lui confèrent Lactance puis Augustin. Il vient selon eux de relier (*religare*). Pour eux, la religion devrait être « *ce qui relie à Dieu et à Lui seul* ». Pour le philosophe et l'historien des religions Baudouin Decharneux, le philosophe Lactance propose une définition de la *religio* différente de celle développée par Cicéron. Pour ce penseur du IIIe siècle, elle tirerait son origine du verbe *relegere* (relier). C'est ce lien qui unirait l'homme à Dieu. Cette interprétation privilégie un lien vertical entre l'homme et Dieu. Pour Baudouin Decharneux, Saint Augustin estime que, seul ce lien serait en mesure de réhabiliter une foi reliant l'âme humaine à Dieu. Il octroie une place importante à l'amour que doit accorder la créature pour son Créateur. Pour lui, l'union avec Dieu est la finalité de la quête qu'il assigne à celui qui a la foi (Decharneux). *Religare* renferme à la fois une dimension collective (la foi d'une communauté par rapport à son Dieu) et personnelle (la foi qui attache Dieu à l'homme). Cette dernière englobe deux aspects : la foi qui attache Dieu à l'homme (présence) et l'homme à Dieu (participation).

Pour chaque musulman, Mohammed a reçu la révélation par l'entremise de l'ange Gabriel. Le Dieu d'Abraham, de Moïse, de Jésus est celui de Mohammed. Le Coran, livre sacré des musulmans, représente la principale source de l'islam. Aujourd'hui, l'islam, en Europe et en Occident, suscite curiosité, défiance et interrogations. Cet ouvrage a pour ambition d'aborder de manière synthétique les fondements de cette religion, son histoire, ses courants et les défis auxquels elle doit faire face aujourd'hui, notamment en Europe et en Occident, dans un monde en perpétuelle mutation.

Fondements, sources et valeurs de l'islam

Sources du droit musulman

Le *fiqh* a pour signification « comprendre » et « assimiler ». D'une manière plus large, cette notion englobe une compréhension du monde, de son histoire, de sa destinée, de l'action de Dieu sur celle-ci, et du rôle que l'homme doit jouer sur Terre. D'un point de vue terminologique, ce terme signifie en arabe la connaissance des règles juridiques pratiques tirées des sources scripturaires. La vocation première de la jurisprudence en islam est de rendre aisées et claires la compréhension et la pratique de la foi. La science des fondements de la jurisprudence, ou *ussûl el fiqh*, cherche, quant à elle, à fixer les principes sur lesquels repose la jurisprudence (droit pratique).

Le Coran et la *sunna* sont les deux principales sources de droit. Elles sont unanimement reconnues en islam par tout musulman, car de nature céleste et très tôt consignées méticuleusement par écrit. La *sunna* représente la voie, le chemin, que trace pour le musulman l'ensemble des sagesses prophétiques et des enseignements pratiques transcrits par écrit dans le hadith (paroles, actes, approbations, décisions, dires rapportés par ses compagnons), transmis selon des règles strictes de génération en génération. Selon les sources musulmanes, la révélation de la parole divine a eu lieu durant de la nuit d'*al-Qadr*. C'est au cours de cette nuit, qui a une valeur particulière, que Dieu détermine la destinée de chaque homme (sourate **44**, verset 4).

À ces deux références sacrées, s'ajoutent d'autres sources de droit. Elles sont en concordance et en continuité avec le Coran et la *sunna*. Elles s'inspirent aussi des principes de sagesse, de souplesse et d'ouverture :

- l'*ijmâ'* ou consensus des juristes en accord sur des questions diverses en matière jurisprudentielle,
- *al-qiyâs* ou le raisonnement par analogie,
- l'*istihsân* ou recherche de la meilleure solution,
- l'*istiçlâh*, ou recherche du bien commun.

Cette approche compartimentée de l'islam en disciplines scientifiques est la conséquence historique de l'éclatement d'un modèle solidaire d'éducation, de gouvernement, de gestion de la société, de l'économie. L'*ijtihâd* est un effort individuel ou collectif d'interprétation des sources de l'islam. L'islam étant par essence dynamique, ses sources font l'objet d'interprétations et d'avis qui évoluent en fonction du temps et de l'espace.

Les abus et les dérives d'un pouvoir très tôt usurpé marquent la fin d'une période de stabilité, centrée sur l'homme et sur l'édifice d'une société fraternelle. Celle-ci garantissant à chacun la possibilité de s'épanouir spirituellement au sein d'un projet de cheminement collectif vers un idéal de justice. Le pouvoir temporel s'est défait simultanément du « joug » de la supervision du pouvoir spirituel et de celui de la morale, jusque-là garants de l'intégrité et de l'équilibre du système au sein du monde musulman.

Historiquement, l'idéal de justice et de société fraternelle, qu'incarne l'islam à l'origine, se désagrège quelques décennies après la mort du Prophète Mohammed. Au fil des siècles, des hommes et des femmes ont cherché à restaurer ce modèle originel, parfois au péril de leur vie. Très tôt, le pouvoir régalien, pourvu de l'autorité absolue, réduisit la place des « hommes de religion » aux considérations spirituelles et rituelles, tout en exerçant sur eux une pression continue et un contrôle strict de la pensée et de l'action. La rupture avec le modèle de pouvoir et d'action qui repose sur la concertation (*shûra*) et le consensus, coupe court aux espoirs de renouveau de l'islam dans son intégrité.

Les prescriptions canoniques

L'islam, ou l'obéissance pleinement consentie à Dieu, implique aussi étymologiquement l'idée de « paix ». Pour devenir musulman, il suffit de prononcer la profession de foi ou *chahâda* : « Il n'y a de dieu que Dieu et Mohammed est son messager ». L'adhésion à cette affirmation de l'unicité de Dieu et sa prononciation représentent le premier pilier de l'islam. Dieu est doté des attributs de perfection : il est le Créateur de toute chose, infiniment miséricordieux, omnipotent, omniscient, généreux par essence. Dieu est clément et miséricordieux par essence, il est amour et bonté.

Le second pilier consiste à effectuer la prière (*salât*). Celle-ci représente un élément central du culte. Les cinq prières que doit accomplir le musulman correspondent à des moments déterminés du jour et de la nuit : la prière de l'aube (*al-fajr*), la prière de la mi-journée (*adh-dhouhr*), la prière de l'après-midi (*al-'asr*), la prière du coucher de soleil (*al-maghreb*), la prière du soir (*al-'icha*). Pour prier, le fidèle doit être en état de pureté rituelle (*wudu*).

La prière réalisée collectivement est conduite par un *imam*. Le jeûne, de l'aube au coucher du soleil (*saum*) tout au long du mois de Ramadan, constitue le troisième pilier de l'islam. Il permet au fidèle de se ressourcer spirituellement, de se purifier intérieurement, de maîtriser ses désirs et ses sens, et de compatir avec les nécessiteux. Seules les personnes malades ou en voyage sont dispensées de cette obligation. Étymologiquement, l'aumône légale, *zakât*, implique l'idée de purification. Le fidèle purifie son âme de l'avarice ainsi que ses biens. Il se détache ainsi du caractère matériel et superficiel qui caractérise la vie terrestre. Contrairement à la *zakât*, la *sadaqa* est une aumône volontaire qui a pour finalité de cultiver chez le fidèle les vertus du don et de l'altruisme. La *zakât* a un rôle économique et social, car elle contribue à réduire les inégalités entre riches et pauvres. Son produit est en principe distribué prioritairement aux pauvres et aux nécessiteux. Il peut être destiné aussi à d'autres catégories de personnes et à d'autres usages (sourate **9**, verset 60). Le pèlerinage, ou *hajj*, représente pour le musulman le voyage de la vie, un retour aux sources de l'islam. Celui-ci ressent son appartenance à la *Oumma*, « communauté » des musulmans du monde entier. Ce pilier comporte à la fois une dimension individuelle et collective. Le musulman se doit d'effectuer ce voyage une fois dans sa vie. Il ne s'impose qu'à celui qui a les capacités physiques et matérielles de le réaliser (sourate **3**, verset 97). Pour que cette adoration majeure soit acceptée, le pèlerin doit respecter certaines règles. Il doit être notamment en état de sacralisation, *ihrâm*, et se rendre au mont *Arafa* pour être présent à Dieu, l'implorer en compagnie de tous les autres pèlerins. Ce rite revêt à la fois une dimension spirituelle (purification, maîtrise de soi, tolérance), humaine (fraternité, communion avec des musulmans du monde entier), et culturelle (immersion à La Mecque, berceau de l'islam, visite des lieux qui marquent l'avènement et l'histoire de celui-ci). La dimension spirituelle et éducative conditionne l'acceptation par Dieu de cette adoration. Il est par exemple interdit au fidèle, au cours de son périple, de s'emporter, de polémiquer ou de proférer des paroles obscènes. Pour le musulman, l'accomplissement du pèlerinage à La Mecque représente une nouvelle naissance pour le fidèle, un retour aux sources de l'islam et le voyage d'une vie.

Charia

« Voie » est le terme français qui traduit le mieux les sens qu'englobe « *charia* ». Le terme *charia* englobe l'idée de « Loi », mais doit être compris dans un sens plus large. Encore aujourd'hui, dans l'esprit du musulman, c'est l'aspect légal qui est le plus fortement rattaché à ce terme coranique. Si l'aspect juridique englobe les multiples significations de ce terme, il désigne d'abord la finalité de l'homme et la voie qui lui est tracée par Dieu. Cette voie représente un idéal d'équilibre entre la relation de l'homme avec ses semblables, avec son environnement, le rôle qu'il est amené à jouer au sein de la société, et sa relation à Dieu. Réhabiliter le mot afin de comprendre les finalités et les sens de la terminologie coranique implique une double approche fondée sur l'écoute et la méditation, sans préjugé aucun, accompagnée par un effort de contextualisation de l'intellect à la lumière des évolutions sociales, politiques, économiques et culturelles du monde moderne. La porte restée longtemps fermée dudit « effort d'interprétation » ou *ijtihâd*, mis très tôt sous tutelle du pouvoir, doit être rouverte. Le renouveau de l'éthique, de l'éducation et de la pensée musulmane ne pourra s'accomplir que si l'effort personnel et collectif d'interprétation et de contextualisation des sources, enrichi par l'héritage existant en la matière, aboutit au rassemblement des cœurs, des volontés, et à la mobilisation de toutes les forces présentes. Franchir le pas implique le courage de concevoir l'*ijtihâd*, non pas comme une fin en soi, mais comme la condition d'une compréhension rénovée et dynamique de l'islam, consciente des enjeux présents. La Loi ne se limite pas à des rudiments de « commandements » sur le plan de la vie morale et sociale. L'islam est un mode de vie. C'est un système de valeurs global qui guide les pas du musulman à chaque instant de son existence. « Il n'y a d'autre dieu que Dieu et Mohammed est son messager» représente sa formulation la plus simple. La pratique de l'islam se traduit par une foi sincère, un engagement de chaque instant vis-à-vis de Dieu qui se concrétise par des actes. L'islam accorde une place particulière à l'intention qui anime les actes du fidèle: «*Les actes ne valent que selon l'intention qui les anime*» (Tradition prophétique).

Les notions de bien et de mal

Les notions de bien et de mal, comme dans d'autres traditions spirituelles, tiennent une place centrale dans le Coran. Le bien et le mal sont notamment liés aux notions de «*al-amrbilma'rouf wa annah'y 'ani al mounkar*» qui traduisent la nécessité et le devoir d'exhorter les hommes et les femmes à agir en conformité avec leur prime-nature, à accomplir tout ce qui est louable et reconnu comme tel, et à réprouver tout ce qui est blâmable et préjudiciable. Ces concepts dynamiques impliquent une interaction permanente de l'être humain avec son environnement, son contexte. La foi qui anime le musulman, conscient de son devoir, le mène à agir afin de servir la cause de l'homme, qui est celle de Dieu. Œuvrer pour le bien est au centre de ses préoccupations. Il aspire en permanence à améliorer l'état de la société dans laquelle il vit et la condition des individus qui la composent.

L'islam considère l'âme humaine comme un souffle émanant du divin. Celle-ci aspire naturellement au bien. L'homme est sur Terre pour faire le bien et cette propension à faire le bien vise à accomplir le dessein de Dieu qui est par essence amour et bonté.

Selon l'islam, cette vie terrestre doit être considérée comme un terrain d'épreuves. L'homme est doté du libre arbitre. L'homme est libre de faire le bien ou de faire le mal. Il est maître de ses choix et de ses agissements. Dieu n'est pas la cause du mal répandu sur Terre puisque le Coran précise que le bien vient de Dieu et que le mal ne peut lui être imputé et qu'il a pour origine les agissements de l'être humain. L'ego représente cette part de l'homme qui lui inspire tout ce qui est bas, matière, vil, vain et éphémère. Il empêche l'homme, par essence lumière, qui aspire à l'excellence, de s'élever. Intérieurement, l'homme mène un combat perpétuel contre l'ego. Il vacille entre les penchants qui émanent de ce dernier, et les hautes et nobles aspirations de l'âme qui sont la clé pour qu'il puisse se rapprocher de son Créateur. Le mal existe depuis que les hommes ont été créés et qu'ils sont dotés d'une raison. L'ego qui n'est pas maîtrisé, qui cède aux tentations du mal, qui obéit à ses passions, qui aspire à s'éterniser sur Terre, est en proie aux forces du mal de l'invisible qui interagissent avec notre monde. L'homme est par nature doté des vertus positives. Elles se retrouvent à la fois chez les croyants et chez les non-croyants. Les deux partagent les vertus de courage, de générosité, de compassion, de justice. Ce sont des valeurs universelles. Elles forment un terrain naturel propice à la quête spirituelle et à la connaissance de Dieu. L'homme émancipé est, selon l'islam, celui qui a cheminé intérieurement et au cœur de la société pour combattre ses penchants négatifs. Il a ainsi permis à son être de s'élever et à ses semblables de découvrir et de partager cette aspiration. Il existe donc un cheminement individuel et collectif et ceci représente la voie selon l'islam pour établir un modèle de société de paix et de fraternité universel.

La notion de « bon conseil » (*nassîha*), qui s'inscrit dans la volonté de l'homme de faire le bien et d'inviter ses semblables à partager cette aspiration, est centrale en islam. Selon le Prophète, l'islam est synonyme de « bon conseil ».

Jihad

L'islam place la vertu de l'effort continu, personnel et collectif, comme une concrétisation et un aboutissement du cheminement vers Dieu. La notion de *jihad*, polysémique, alimente fantasmes, préjugés, et fait l'objet de multiples interprétations. *Jihad* et *ijtihâd*, ont une même racine en arabe qui admet une multitude de sens que la langue française ne pourrait restituer en un seul terme. Effort, surpassement de soi, préparation, rassemblement des forces, détermination, persévérance, engagement, etc. : les dimensions de l'effort sur la voie de Dieu sont plurielles et s'appliquent dans les différentes sphères de la vie. L'intention et la volonté de parfaire, de sans cesse aspirer à l'excellence, doivent guider en islam toute pensée et tout acte. De cette attitude de tous les instants, de vouloir résolument maîtriser l'ego, de le soumettre aux aspirations positives du cœur et de l'esprit, découlent les différentes dimensions et les significations profondes du *jihad* : le don de soi, de ses biens et ses vertus éducatives, sociales et économiques, la maîtrise de l'avoir, l'apprentissage et l'éducation, la participation politique, la construction et l'unification de la pensée, la lutte contre les injustices, le témoignage par la parole et les actes.

L'héritage des croisades entretient inconsciemment en Occident une appréhension de l'islam et de tout ce qui s'y réfère. La focalisation de la perception de l'islam à travers la seule exégèse, réductrice et périlleuse, du *jihad* porte grandement préjudice à l'âme de cette conception autre de l'homme, aux valeurs réelles qu'il prône et à tous ceux qui y adhèrent. Cette approche de l'islam et la méconnaissance de celui-ci font naître inquiétudes et peurs dans nos sociétés.

Les interprétations restrictives de *jihad*, que ce soit dans les ouvrages d'histoire, les manuels scolaires, les travaux scientifiques, ou dans le discours médiatique, confinent encore aujourd'hui et inscrivent l'islam dans un registre de haine et de rejet de l'autre. « Guerre sainte », « guerre légale » constituent des attributs à travers lesquels est présenté l'islam. Le droit de se défendre, de résister à tout ce qui porte atteinte au droit d'exister, loin de tout esprit vindicatif, de mépris de la différence, de violence infondée, est le véritable sens de l'interprétation d'une des dimensions du *jihad*, à l'origine de questionnements et de polémiques.

Cette compréhension du *jihad* contribue à entretenir l'esprit de croisade et à dénaturer le réel visage d'une conception de l'être et de l'existence portée par l'islam, qui s'inscrit dans la continuité historique du mouvement d'émancipation et de civilisation humaine. Historiquement, les peuples entrés en contact avec l'islam n'ont pas été contraints à adhérer à ce message par l'épée, comme le soutient la thèse prédisant un brutal « choc des civilisations ». Ce message a en réalité conquis et apaisé les cœurs par son originalité et les valeurs d'amour, de paix et de progrès pour l'homme qu'il prône intrinsèquement. L'expansion fulgurante de l'islam, sans précédent dans l'histoire, s'explique avant tout par le rayonnement d'hommes et de femmes dévoués, animés par l'espoir de voir l'autre, indépendamment de sa culture, de ses origines ethniques, de ses traditions, vivre et partager l'expérience du cheminement spirituel. Porter en soi, à chaque instant, l'intention d'œuvrer pour la justice, la dignité et la libération de la personne humaine, constitue l'essence de l'effort en islam. Le combat social, politique, économique, intellectuel nécessite en islam un sacrifice de soi et un dépassement des petits calculs terre à terre, dans le but de défendre la cause commune qui est celle de Dieu et celle des hommes.

Spiritualité, cheminement vers Dieu et affluents de la foi

L'islam est ascension, élévation. Il invite l'homme à cheminer vers Dieu, à emprunter la voie qui mène à sa proximité. Le terme coranique *minhaj* englobe à la fois les idées de « voie » et de « méthode » à suivre pour réussir à emprunter avec succès cet itinéraire. Ce cheminement implique trois dimensions qui garantissent un équilibre à celui-ci : celle du cœur, celle de l'intellect et celle de l'action. La notion nodale d'*iqtissâd* renferme l'idée d'un cheminement, d'une voie de l'équilibre, de la mesure, du juste-milieu, de la constance, de la modération, de l'économie (dans le sens de la maîtrise du temps, de l'effort, de la dépense), qui permet à tout un chacun d'atteindre ses objectifs de la manière la plus efficace. *Iqtissâd* est l'antonyme de « gaspillage » (sourate **17**, verset 26). Le principe d'une économie viable et durable opère une distinction entre ce qui est indispensable, ce qui est nécessaire et ce qui relève davantage du confort. L'aspirant à Dieu est amené au cours de sa vie à surmonter des obstacles intrinsèques (ego, passions) et extrinsèques (environnement social, économique, culturel), à gravir une pente ascendante [1]. Le Coran peut se résumer en un appel de Dieu destiné à l'homme, un appel qui invite celui-ci à y répondre en rassemblant tout son être et à placer au centre de ses préoccupations la question du devenir après cette vie terrestre (sourate **6**, verset 162). L'accomplissement des actes prescrits par Dieu représente le premier degré du cheminement. La foi (*imân*) intériorisée et concrétisée par les actes représente un degré supérieur dans le cheminement. D'un point de vue dogmatique, elle repose sur six piliers : la foi en l'existence de Dieu, des anges, des livres révélés, des messagers, du jour du jugement dernier et du destin, avec ce qu'il comporte de bon et de mauvais. Elle se compose d'affluents, dont le plus élevé est le fait de prononcer la formule « il n'y a de dieu que Dieu ».

L'islam a une visée, donne sens à l'être, il constitue une manière d'être en soi, avec les autres, au sein de la société. La foi (*imân*) est définie dans la tradition prophétique comme étant

1. Sourate **90**, verset 11.

un ensemble complexe d'affluents représentant des qualités, des valeurs, des pratiques, interdépendantes. Ces affluents peuvent être regroupés en vertus cardinales qui jalonnent le cheminement de l'aspirant à Dieu tout au long de sa vie. Celui-ci est amené à les incarner et à approfondir son lien avec chacune d'entre elles (présence à Dieu, sincérité, don, savoir, maîtrise, effort, etc.). Les vertus de la foi s'acquièrent par le phénomène d'imprégnation (compagnonnage ou *sohba*) et ceci conditionne le cheminement spirituel de l'individu. L'excellence (*ihsân*) représente le degré supérieur de la foi, un degré avancé dans la concrétisation des vertus qui composent celle-ci. Elle se traduit par une communion intime avec le Créateur, une présence continue du cœur et du corps à Dieu (*dhikr*), une volonté de parfaire chaque chose entreprise ainsi que sa relation avec ses semblables. À ce stade du cheminement, le fidèle est présent à Dieu par le cœur et par l'esprit, à chaque instant. La quête du fidèle ne cesse cependant jamais, car il est amené constamment à parfaire son caractère, à porter un regard critique sur son être, à maîtriser son ego, à se détacher de la matière et du superflu. L'humilité, la modestie, vis-à-vis de Dieu et vis-à-vis de ses semblables, guident les pas du fidèle et le portent à toujours s'améliorer. Le cœur, siège des hautes aspirations, des volontés supérieures, terreau sur lequel se cultivent les vertus d'excellence ; l'intellect, siège des pensées ; le corps et ce qu'il accomplit comme actions, convergent vers Dieu, vers ce qu'il y a de céleste chez l'homme, pour incarner la volonté de Dieu et mériter ainsi son amour.

L'amour sous-tend la relation de Dieu à l'homme. Cet amour de l'homme pour son Créateur se manifeste par un sentiment profond d'humilité et de révérence. L'homme, conscient de l'amour et de la sollicitude de Dieu envers lui et conscient de son pouvoir, de sa compassion et de sa générosité infinis, se tourne constamment vers celui qui lui a fait don de la vie, pour l'implorer et se confier à lui : « ***Dieu ne vous accorderait aucune importance si vous ne l'imploriez pas*** »[2]. Il lui exprime ouvertement ses besoins en étant certain que ses supplications seront entendues et exaucées d'une manière ou d'une autre. Dans ce sens, le retour à Dieu, l'introspection, le regret profond d'avoir péché, la quête du repentir, la contrition se situent au cœur de l'adoration de Dieu. L'islam lie intimement la présence permanente à Dieu à son imploration (sourate **40**, verset 60).

La manière d'être, intérieurement, avec les autres, et d'agir (*kholoq*) comprend à la fois les qualités humaines de l'âme, la noblesse de caractère, la moralité, l'attitude, les gestes, et la parole.

Le Prophète représente le modèle à suivre, car il est décrit par Dieu comme étant doté de qualités exceptionnelles et comme étant l'incarnation du bien sur Terre[3].

2. Sourate **25**, verset 77.
3. Sourate **68**, verset 4 ; sourate **21**, verset 107.

Dimension humaine et sociale de l'islam

L'islam lie la foi en Dieu à la bonne œuvre, à une présence positive au cœur de la société. Le don, dans sa compréhension globale, guide l'action du fidèle : « ***La piété ne consiste point à tourner vos visages du côté du levant ou du couchant. Pieux est celui qui a foi en Dieu et au jour dernier, aux anges et au livre, aux Prophètes ; qui, pour l'amour de Dieu, donne de son avoir à ses proches, aux orphelins, aux pauvres, aux voyageurs et à ceux qui demandent ; qui rachète les captifs ; qui observe la prière ; qui fait l'aumône ; qui remplit les engagements qu'il contracte ; qui est patient dans l'adversité, dans les temps durs et dans les temps de violences. Ceux-là sont justes et craignent le Seigneur*** »[4]. Agir pour Dieu, par amour pour lui, donc pour l'humanité, constitue l'âme du message. Dominique Sourdel estime que « *la vie sociale est fondée sur la notion de "communauté" (Oumma), qui subordonna groupements tribaux et ensembles nationaux ou raciaux à un principe supérieur, celui de la fraternité et de l'égalité absolues entre adeptes d'une même foi*[5]*. Les liens de solidarité ne furent pas brisés par les schismes politico-religieux : en tant que "gens de la qibla", chiites, kharijites, sunnites font également partie de la communauté* ».

La justice sociale constitue l'une des valeurs à laquelle l'islam accorde une importance particulière.

4. Sourate **2**, verset 177.
5. « ***Les croyants sont tous frères*** », sourate **49**, verset 10.

La règle en islam concernant le mariage est le plus souvent la monogamie. En islam, l'adoption d'un comportement modèle au sein de la sphère familiale dépend des liens de compassion et d'amour mutuels qu'auront réussi à instaurer au sein du couple les deux conjoints. La vie de famille ne s'oppose pas au cheminement spirituel. Celle-ci est, au contraire, une sphère à part entière de la spiritualité où s'exprime pleinement la reconnaissance à Dieu au quotidien, et un terrain sur lequel se forgent l'éducation par l'amour, la patience mutuelle et l'effort continu au service de l'autre. L'autocritique constructive et la patience mutuelle sont un des piliers de la vie de couple. Une relation d'amour, au sein de laquelle l'intérêt porté au conjoint et la préservation de ses droits sont un fondement, doit se substituer à une relation basée sur les intérêts personnels de chacun. Le Prophète de l'islam est décrit par ses contemporains comme un époux modèle et accessible. Il était tendre et affectueux envers ses enfants, responsable et entièrement dévoué au service de sa famille. L'islam définit la teneur de toute union conjugale harmonieuse et heureuse : spiritualité, confiance mutuelle, dialogue, estime et écoute de l'autre, entraide, dévouement, patience face aux épreuves de la vie et face aux imperfections de l'autre.

L'islam accorde une place particulière à l'éducation des jeunes générations. Elle prend sa source dans les valeurs d'amour, de respect, de partage et d'entraide. L'enfant est un être fragile de par sa constitution physique et psychique, mais aussi parce qu'il est une personnalité en devenir. Il mérite toute l'attention de ses deux parents, car c'est un dépôt de Dieu.

La *fitra* (nature originelle) relie l'homme, dès sa naissance, à Dieu. C'est ce sentiment profond qui siège initialement dans le for intérieur de chacun et qui se manifeste par la foi en l'existence de Dieu et par une capacité instinctive de distinguer le bien du mal. C'est elle qui permet à l'individu de tendre instinctivement vers le bien, vers le bel agir. L'enfant est très tôt confronté à l'environnement humain, sensoriel, matériel qui l'entoure et au sein duquel il grandit. Le rôle de l'éducation est de préserver, de protéger la prime nature de tout ce qui pourrait la corrompre et de forger une personnalité imprégnée de valeurs et de vertus universelles telles que la bonté et la générosité. Nombre de facteurs interviennent dans le processus d'éducation et interagissent (parents, entourage familial, école, fréquentations, voisinage, rue, écrans).

La mère a un rôle central dans l'éducation dans nombre de civilisations. L'islam la considère comme la garante de la stabilité de la famille et de la transmission d'une éducation équilibrée.

Les grandes étapes de l'histoire de l'islam et du monde musulman

La période préislamique

La péninsule arabique, dominée par un vaste plateau désertique, est, au VIe siècle, habitée par une population de sédentaires et de nomades. Les différentes tribus qui cohabitent conservent des liens de parenté tout en ayant des modes de vie différents. Les conditions climatiques hostiles qui caractérisent cette région, la faiblesse des ressources naturelles, expliquent l'importance accordée au commerce et le rôle secondaire de l'agriculture et des autres activités. Ce secteur dominant amène cette population à se rendre en dehors de l'Arabie (Syrie, Égypte, Abyssinie, Iraq, Inde). Au sud, le Yémen, surnommé l' « Arabie heureuse » a connu des civilisations florissantes comme celles de Ma'an ou de Saba. Il était déchiré entre de multiples principautés et subissait l'occupation sassanide. L'est de la péninsule était lui aussi sous domination perse. Le nord de l'Arabie était occupé par les Byzantins. Les tribus nomades du centre de l'Arabie étaient restées indépendantes. Les Bédouins n'avaient jamais formé d'État, à l'exception du royaume de Kinda.

La vie était naturellement précaire et difficile dans cette région désertique. La razzia (*ghazou*), incursion en territoire étranger pour s'accaparer les troupeaux, les récoltes, etc., était une pratique courante.

Les Bédouins, qui se réfèrent à un ancêtre commun, forment des tribus subdivisées en clans et en familles. Les tribus ont un conseil formé de membres de la même famille, *Ahl al Bayt*, « les gens de la maison », ou une assemblée tribale. Le clan régissait la vie en société et constituait le cadre au sein duquel s'exprimait la cohésion sociale (*asabiyya*). La filiation est exclusivement patriarcale. Les Bédouins partageaient un idéal moral, des qualités humaines, *muruwwa* (courage, persévérance, dignité, générosité, sens de l'honneur, de l'hospitalité). Le clan, pilier de cette société, était dirigé par un chef *sayyid* ou *cheikh*, doyen qui, loin d'être doté d'un pouvoir absolu, dirigeait en étant assisté du conseil composé par l'ensemble des chefs des différentes familles. Les pouvoirs du chef sont donc limités, la tribu est en droit de ne pas suivre son avis et ce dernier agit sous la surveillance des autres chefs de clans. Les relations entre les tribus sont régies par un droit coutumier (*razzias*, trêves religieuses, droits de passage, pactes de non-agression, négociations, etc.).

Mohammed est issu de la tribu mecquoise de Qoreich, une tribu de noble lignée, puissante et influente (poids économique, rôle religieux).

D'un point de vue de la religion, les Arabes sont à l'époque majoritairement polythéistes. Le culte des idoles est très répandu chez eux. Ils partageaient l'idée d'un Dieu unique. Les idoles jouaient un rôle d'intercesseur entre les hommes et Dieu.

Le pèlerinage est associé à la Kaaba, maison de Dieu, fondée par le Prophète Abraham. Mais la foi monothéiste avait laissé place aux impératifs du commerce et à l'idolâtrie. Aujourd'hui, les musulmans du monde entier s'orientent vers elle pour prier. La Mecque, avec Médine, et El-Qods en Palestine, sont les trois principaux lieux sacrés de l'islam. Différents cultes coexistent en Arabie avant l'avènement de l'islam : idolâtrie, christianisme, judaïsme, mazdéisme, etc. La Mecque est à la fois un pôle commercial et un lieu de pèlerinage. L'esclavage est une pratique courante à cette époque. La Mecque est une cité-état gouvernée par un conseil de chefs héréditaires qui se divisent le pouvoir. Commerçants, les Mecquois s'intéressaient aussi aux arts et aux lettres, et notamment à la poésie. La femme était, d'une manière générale, assez bien traitée (droit de posséder des biens, de donner son consentement au mariage, de contracter, lors du mariage, le droit de divorcer, possibilité de se remarier après un divorce ou le décès de son époux). Cependant, au cours de la période préislamique ou *Jâhiliyya* (ère de l'ignorance), la polygamie est largement répandue (l'islam viendra la limiter), la fille est considérée alors comme un bien, le concubinage avec les esclaves est admis ainsi que la prostitution.

La naissance du Prophète de l'islam

Mohammed (écrit souvent à tort « Mahomet ») est né au sein de ce milieu autour de l'an 570 après Jésus-Christ. Son père, Abdallah, meurt quelques semaines avant sa naissance. C'est son grand-père qui le prendra en charge et l'élèvera.

Selon les coutumes de l'époque, sa mère, Amina, confia son enfant à une nourrice bédouine, Halima, auprès de laquelle il passera plusieurs années. Très tôt éprouvé, Mohammed perd sa mère puis son grand-père. À l'âge de 8 ans, il fut accueilli par son oncle Abou-Tâlib. Afin de gagner sa vie, Mohammed dut travailler dès son plus jeune âge. Il s'occupa des troupeaux de certains voisins. Il accompagna son oncle en Syrie lors d'un voyage.

Mohammed, âgé de 25 ans, réputé pour son honnêteté, se vit confier les marchandises de Khadîja, riche veuve mecquoise, pour les vendre en Syrie. Attirée par ses qualités, elle fit savoir à Mohammed qu'elle souhaitait qu'il l'épouse. Ils eurent six enfants, deux garçons qui moururent en bas âge et quatre filles. Mohammed épousa après la mort de Khadija d'autres femmes et notamment Aicha, fille de son compagnon Abou Bakr. Il eut un garçon avec Maria, une Copte, qui mourut lui aussi en bas âge.

Avant l'islam, Mohammed participe à une assemblée de volontaires à laquelle étaient présents différents chefs de La Mecque. Elle avait pour but d'établir un ordre de chevalerie (*hilf al-fudoul*), considéré comme l'une des premières alliances pour les droits de l'homme.

Les signes annonciateurs

Selon les sources musulmanes, l'avènement du Prophète de l'islam est accompagné de plusieurs faits majeurs et annonciateurs : le feu millénaire des Perses s'est éteint, le palais de Chosroès fut ébranlé par un tremblement de terre, la naissance du Prophète fut accompagnée par une lumière qui éclairera les palais de Bosra au Shêm (Mésopotamie). L'arrivée du Prophète Mohammed ﷺ est annoncée dans les livres révélés par Dieu avant l'islam.

La révélation, la mission prophétique et les persécutions

Selon ses biographes, Mohammed n'a jamais adoré les idoles. Les années précédant la révélation, il se retirait régulièrement dans une grotte de *Jabal an-Nour* appelée *Ghâr Hirâ*, pour se consacrer à la prière et à la méditation. C'est à cet endroit que survint la révélation, alors que Mohammed était âgé de quarante ans. Vers la fin du mois de Ramadan, l'ange Gabriel se présenta à lui pour lui transmettre le message divin. Les premiers versets du Coran furent révélés au Prophète (sourate **96**, versets 1-5). Très ému, il se réfugia auprès de son épouse qui le réconforta en lui rappelant les qualités qui étaient les siennes et en lui assurant que Dieu le protégerait. Durant trois années, la révélation fut interrompue. Au cours de cette période, le Prophète se tourna davantage vers la prière et la spiritualité. Lorsque la révélation reprit, Dieu lui assura qu'il ne l'avait pas abandonné et lui exposa les grandes lignes de sa mission (appeler à Dieu, proclamer les bienfaits divins, être aux côtés des pauvres et des orphelins, accorder une place particulière aux proches parents).

Le message fut au départ répandu de manière circonscrite. Le Prophète appela à Dieu ses proches, ses amis intimes, des membres de sa tribu. Puis l'appel à Dieu prit une autre dimension lorsque le message fut diffusé publiquement à La Mecque et dans ses alentours. Il s'agissait de combattre l'idolâtrie, de renouer avec le monothéisme des messagers de Dieu, de rappeler l'existence de la vie après la mort, du Jugement dernier et de la rencontre de Dieu.

Pour mériter la félicité, le paradis dans la vie dernière et éviter le châtiment éternel, l'homme doit sur Terre faire acte de charité, de bienfaisance, d'amour envers son prochain.

Le Prophète veilla à ce que la révélation fût consignée par écrit et apprise par cœur par ses compagnons. La révélation du Coran s'est étalée sur vingt-trois années. Chaque révélation répondait à une circonstance particulière.

Progressivement, le nombre de musulmans grandit. La dénonciation de l'idolâtrie et de l'ordre établi conduisit ceux qui étaient attachés à leurs croyances et à leurs pratiques ancestrales, à combattre ce message qui remettait en question leurs intérêts et tout un système. Les premiers musulmans, fidèles à leur foi, subirent des persécutions, certains furent tués. Le Prophète conseilla à ceux qui avaient adhéré au message de l'islam de quitter La Mecque pour se réfugier en Abyssinie où régnait un roi juste. Ils furent des dizaines à suivre ses conseils, mais pour ceux qui restèrent, les persécutions se poursuivirent.

Sur le plan social, ils furent l'objet d'un boycott de la part des Mecquois. Les tribus vivant aux alentours de La Mecque, alliées des Mecquois, s'associèrent à ce boycott. Les chefs à la tête du paganisme envoyèrent un ultimatum au clan du Prophète, les Banou-Hâchim, qui leur enjoignait de l'excommunier et de le livrer aux païens. L'ensemble des membres du clan, musulmans ou non, refusa de se plier à cette exigence, mis à part Abou Lahab, un des oncles de Mohammed, qui quitta sa tribu pour participer aux persécutions. Après trois années très difficiles, le boycott prit fin. Le Prophète perdit au cours de la même année son épouse Khadija ainsi que son oncle Abou-Tâlib. Abou-Lahab, farouchement opposé à son message, devint chef de la tribu à laquelle appartenait le Prophète.

C'est au cours de cette période que le Prophète effectua un voyage nocturne (*isrâ*) de La Mecque à Jérusalem. Puis de Jérusalem, il fut élevé à Dieu, et au cours de cette ascension (*mi'râj*), il reçut la prière comme présent divin pour sa communauté. Cette rencontre céleste eut pour conséquence d'accroître l'hostilité que manifestaient les Mecquois à l'encontre du Prophète. Ce dernier se rendit à Tâïf auprès de ses parents, mais les habitants de cette cité le chassèrent et l'obligèrent à retourner à La Mecque.

Exode, Accueil, naissance d'une société nouvelle et structuration de l'État

Chaque année le pèlerinage à La Mecque attirait des Arabes de toutes les tribus de la péninsule. Le Prophète cherchait auprès d'elles soutien et asile afin qu'il puisse poursuivre sa mission. Malgré des refus successifs, le Prophète persévéra et alla finalement à la rencontre d'habitants de Médine, à l'époque nommée *Yathrib* [6]. Ces fidèles de la première heure promirent au Prophète d'œuvrer afin que d'autres Médinois adhèrent, comme eux, au message. L'année suivante, une douzaine de Médinois prêtèrent serment de fidélité au Prophète. Ils lui demandèrent de leur envoyer une personne qui pourrait leur enseigner l'islam. Mus'ab fut choisi pour cette mission.

Lors du pèlerinage à La Mecque, Mus'ab était accompagné de soixante-treize Médinois. Cette délégation invita le Prophète et les musulmans de La Mecque à émigrer à Médine. Ils lui promirent de les accueillir chaleureusement, de les protéger et de les traiter comme des membres de leur famille. Deux notions coraniques centrales découlent de cet événement. La notion d'Exode, *Hijra*, et celle d'Accueil ou *Nousra*. Plus globalement, L'Exode implique à la fois l'idée de détachement de ce qui a trait à cette vie, de ce qui est éphémère, matière, et celle de migration, d'un état d'absence, d'éloignement de Dieu, vers un état de présence à lui. Cette notion est liée à celle d'effort pour se détourner de tout ce qui déplaît à Dieu, pour s'engager sur la voie ascendante qui mène à Lui et libère l'homme des entraves de l'habitude et des pesanteurs de

6. Tribus arabes et non arabes peuplaient alors cette cité au sein de laquelle cultes idolâtres, christianisme et judaïsme coexistaient. Dans l'Arabie préislamique, les juifs et les chrétiens, désignés communément dans le Coran par l'expression *ahl al-kitâb* (gens du Livre), attendaient la venue d'un prophète annoncé dans leurs écritures (sourate **2**, verset 101).

cette vie. La notion d'Accueil implique, quant à elle, l'idée de soutien indéfectible, de protection, de partage, d'entraide, de confiance mutuelle, de sacrifice, de don de soi. C'est avant tout des liens de cœur qui incarnent cet Accueil, qui se concrétise dans les actes et qui transcende les liens de sang, les frontières ethniques et géographiques. La notion d'Accueil implique un effort individuel et collectif qui conduit à l'émergence d'une solidarité fraternelle permettant au nouveau venu de trouver, au sein de la communauté de foi et de la société, assurance et réconfort. Les musulmans de La Mecque émigrèrent par petits groupes de manière clandestine. À La Mecque, les biens de ceux qui émigrèrent furent confisqués et un complot se prépara pour assassiner le Prophète. Le départ dissimulé de Mohammed à Médine en compagnie de son compagnon Abou Bakr marque le début de l'ère hégirienne. Nous sommes alors en 622.

Pour poser les bases d'une société solidaire, fondée sur des liens d'amour, de fraternité, de partage et d'effort, le Prophète, dès son installation à Médine, jumela deux à deux, les compagnons qui participèrent à l'Exode à ses côtés, avec ses hôtes, qui concrétisèrent ainsi l'Accueil. Les *Ansars*, avec les *Muhâjiroun* de La Mecque qu'ils accueillirent, étaient à l'origine d'une aventure humaine et d'une société nouvelle. L'Exode et l'Accueil sont deux concepts intimement liés à la notion d'Appel à Dieu. La spiritualité, pilier de l'éducation prophétique, a joué dès le départ un rôle essentiel de ciment. Le jeûne du mois de Ramadan fut institué un an à peine après l'Hégire.

Mohammed proposa la création d'une cité-état en concertation avec les représentants des musulmans et avec ceux des non-musulmans de la région. Médine fut dotée d'une constitution [7] écrite qui définissait les droits et devoirs des citoyens et du chef de l'État. Mohammed fut choisi à l'unanimité pour gouverner. La coutume de la justice privée fut abolie, la liberté religieuse fut reconnue, les principes de la défense et une politique étrangère furent définis, un système d'assurances sociales fut mis en place pour ceux qui avaient des responsabilités trop importantes.

Le Prophète Mohammed se rendit, à plusieurs reprises, à l'extérieur, pour conclure des traités d'alliance et d'entraide avec les tribus voisines. Aux côtés de ses soutiens, il exerça une pression sur les Mecquois qui s'étaient emparés des biens des musulmans et leur avaient causé du tort. Les caravanes commerciales de La Mecque ne pouvaient circuler dans la région de Médine, ce qui provoqua l'exaspération des païens.

Luttes et réconciliation

Les Mecquois lancèrent un ultimatum aux Médinois les sommant de ne plus protéger le Prophète et ses compagnons ou de les expulser, ce qu'ils refusèrent de faire. En l'an 2 de l'Hégire, les Mecquois mobilisèrent une armée contre le Prophète. L'affrontement eut lieu à Badr. Les musulmans, trois fois moins nombreux, mirent en déroute l'armée mecquoise. L'année suivante, les Mecquois décidèrent de se venger. Un

7. « Constitution (ou charte) de Médine ».

affrontement sanglant eut lieu à Uhud. Malgré les pertes du côté musulman, la bataille ne fut pas décisive.

Après cet événement, certains juifs complotèrent pour assassiner le Prophète. Mohammed se contenta par la suite de demander aux membres de la tribu à laquelle ils appartenaient de quitter la région de Médine après avoir emporté leurs biens, vendu leurs immeubles et récupéré leurs créances. Cette clémence eut un effet inverse, car les expulsés, installés à Khaibar, entrèrent en contact avec les Mecquois. Ils s'unirent à eux et avec des tribus environnant Médine. Ils obtinrent de leur part un soutien militaire et menèrent une puissante attaque contre Médine. Préparés au siège, les musulmans creusèrent un fossé pour se défendre et faire face à l'épreuve. La conjonction de plusieurs circonstances conduisit finalement à l'éclatement de cette coalition.

Le Prophète se rapprocha des Mecquois dans une perspective de réconciliation. La stratégie adoptée par les musulmans consistait à couper les routes caravanières de La Mecque. Ceci eut pour conséquence d'asphyxier l'économie de la cité. Le commerce caravanier représentait alors une des principales ressources de La Mecque. À Hudaibiyah, un pacte de non-agression fut conclu entre les deux partis. Cet accord de paix impliquait plusieurs choses : la sécurité du transit, l'extradition des Mecquois qui se seraient rendus chez les musulmans, la neutralité lors de conflits avec les tiers. Le Prophète accepta aussi de ne pas faire le pèlerinage à La Mecque, ce que certains compagnons eurent du mal à accepter. À première vue, ce pacte pouvait sembler défavorable aux musulmans, mais en réalité, il représentait une avancée considérable. Cette période de paix permit au Prophète et aux musulmans de répandre leur message et d'élargir leurs rangs. À l'extérieur de l'Arabie, des missionnaires se chargèrent de transmettre des lettres aux souverains étrangers (Byzance, Perse, Abyssinie, etc.). Alors que les musulmans étaient confrontés à des difficultés et qu'ils durent combattre les Byzantins (bataille de Mu'tah), les Mecquois rompirent le traité de paix. Suite à cette violation, « *le Prophète conduisit lui-même une armée de dix mille hommes, et surprit La Mecque qu'il occupa sans coup férir. Conquérant bienveillant, il rassembla la population de la ville, lui rappela ses méfaits : persécution religieuse, confiscation injuste des biens des réfugiés, invasions répétées, vingt ans d'hostilité insensée ; puis leur posa la question : "Qu'attendez-vous de moi ? " Comme tous baissaient la tête avec honte, Muhammad proclama : "Que Dieu vous pardonne, allez en paix ; nulle charge contre vous aujourd'hui, vous êtes libres"* ». Les biens spoliés qui appartenaient aux musulmans furent laissés aux Mecquois. Dans ces circonstances, nombre de Mecquois adhérèrent à l'islam, et notamment Abû Sufyân, chef de tribu. La ville de Tâïf mobilisa une armée pour combattre les musulmans. Celle-ci fut dispersée dans la vallée de Hunaïn. Le siège de la ville fut levé et des moyens pacifiques furent employés pour briser la résistance de cette région. Celle-ci se ralliera aux musulmans moins d'un an plus tard. Après dix années de lutte, l'ensemble des populations de la péninsule arabique, des régions du sud de la Palestine et de l'Iraq embrassèrent l'islam. Les communautés religieuses qui souhaitaient conserver leur croyance et leur liberté de conscience bénéficièrent d'une autonomie sur le plan juridique et judiciaire.

En l'an dix de l'Hégire, le Prophète se rendit à La Mecque pour effectuer le « pèlerinage de l'adieu ». 140 000 fidèles étaient présents cette année-là, venant des différentes régions de la péninsule. C'est à cette occasion que le Prophète adressa un célèbre sermon à sa communauté au cours duquel il rappela notamment l'unicité de Dieu, la sacralité de la vie, des biens, du dépôt, du respect et de la dignité des femmes, l'égalité de tous les hommes et les femmes devant Dieu, quelles que soient leurs origines, la rencontre de Dieu. C'est lors de son retour à Médine que le Prophète de l'islam tomba malade et mourut quelques semaines plus tard en 632.

La période des « califes (successeurs) bien guidés », *al-khulafâ al-râchidûn*

Cette période s'étale sur une trentaine d'années. L'action des quatre califes, tous proches du Prophète, s'inscrit dans la continuité et l'esprit de celle menée par le Prophète. Une prédiction prophétique vient annoncer cette page florissante de l'histoire musulmane qui se distingue de celles qui viendront après elle. Cette période de stabilité incarnée par des hommes, détenteurs à la fois du pouvoir spirituel et du pouvoir temporel, dépositaires de l'héritage et de la mission du Prophète, « sur la voie » de celui-ci, sera suivie de périodes troubles marquées par la royauté et la tyrannie. Le choix du leadership ne sera alors plus le fruit d'un processus fondé sur la concertation. La transmission héréditaire du pouvoir, les intérêts individuels, le clientélisme marquent une rupture avec un modèle social et politique fondé jusque-là sur la justice, la stabilité et la transparence.

La période prophétique et celle qui lui succède représentent dans ce sens le véritable « Âge d'or » de l'islam, car incarnées par des personnalités désintéressées et animées par la profondeur spirituelle de l'islam et par les idéaux universels de probité, de transparence et de justice. Même si les conquêtes territoriales se poursuivent sous la royauté (à partir du « califat omeyyade »), après l'assassinat d'Ali, que les différents domaines de la science se développent et que les musulmans sont à l'origine de découvertes et d'avancées multiples, un infléchissement s'opère après cette période, sur le plan de la spiritualité, de l'éthique et de la gouvernance. La volonté de préserver l'unité du monde musulman, de voir régner la justice, l'égalité, l'esprit de fraternité et de solidarité guide l'action des premiers successeurs spirituels et politiques du Prophète. La conjonction de facteurs d'ordre humain, matériel et politique altérera dans ses fondements un modèle de leadership fondé sur les valeurs d'intégrité, de sobriété et de justice. Les quatre compagnons du Prophète qui guideront la destinée de la *Oumma* aux premiers temps de l'islam font jusqu'aujourd'hui l'unanimité chez la majeure partie des musulmans. Inspirés par le modèle prophétique, une de leur priorité était de fonder leur action sur un projet éducatif et de société alliant spiritualité et solidarité humaine. Ils s'attelèrent à préserver l'essence du message et l'unité des musulmans. Ils étaient à la fois des guides spirituels et politiques qui agissaient dans le cadre de la concertation (*shûra*). Le choix des dirigeants s'opérait d'abord sur des critères de piété, d'intégrité morale et d'éthique. Le principe de concertation doit en principe aboutir à la nomination du meilleur et du plus compétent. Abou Bakr, premier calife, ami intime du Prophète, surnommé le sincère et véridique «*As-Siddîq*», fut le premier à lui succéder. Il gouverne alors pendant deux années. Il mène la guerre contre les deux grandes puissances de l'époque, l'Empire byzantin et l'Empire perse et amorce la future expansion territoriale du monde musulman. À l'intérieur du pays, il s'attèle à résorber les mouvements de rébellion et à combattre les imposteurs. À sa mort, Omar ibn el-Khattâb, deuxième calife de l'islam, poursuit l'expansion territoriale du monde musulman. Il conquiert la Mésopotamie, l'Égypte et une partie de la Perse. C'est lui qui fixe l'ère musulmane (hégire). Si l'expansion territoriale et politique a été favorisée par l'affaiblissement des puissances byzantine et sassanide, qui se sont affrontées pendant plus de deux décennies, elle a surtout été rendue possible par l'adhésion des populations à un message simple, prônant des valeurs universelles, qui prend en compte les spécificités de chaque contexte sans chercher à les occulter. Dans les territoires conquis, les populations adhéreront progressivement à l'esprit et à l'ouverture de l'islam de manière volontaire. Dès le départ, les cultures et les croyances autochtones seront respectées et coexisteront avec l'islam.

L'élite musulmane, éduquée par le Prophète, perpétuant corps et âme son effort, fut submergée par la masse des nouveaux convertis. Ces musulmans qui avaient accompagné le Prophète dès les premiers temps de l'islam avaient été tués par l'ennemi dans les régions lointaines ou s'étaient dispersés aux quatre coins du monde musulman très étendu après la mort d'Omar. Omar, homme d'État intègre et rigoureux, incarne pour les musulmans la justice et l'équité. Il a cherché à préserver le noyau de cette société en expansion en interdisant à ses membres de quitter Médine, cœur spirituel et politique du monde musulman. Après son assassinat, Uthman lève l'interdit, ce qui provoque une hémorragie fatale pour la communauté. Sous Uthman, les conquêtes se poursuivent et de nombreux territoires sont conquis, notamment à l'ouest vers l'Afrique du Nord et à l'est vers la Perse. Les Byzantins qui perdent des territoires sont contraints de négocier avec les musulmans pour conserver certains d'entre eux. Vers 650, une partie de la Sicile est conquise suite à une victoire sur la flotte byzantine en Méditerranée. En 651, l'assassinat du dernier souverain sassanide scelle la domination des musulmans sur la Perse. Uthman poursuit l'œuvre d'Omar sur le plan de l'organisation politique et administrative des territoires. Se consacrant à l'essor économique des territoires musulmans, son règne est marqué par une grande période de prospérité. Il consacre aussi ses efforts à unifier les diverses compilations du Coran. La version répandue aujourd'hui dans le monde est celle issue de ce travail. Des troubles conduisent à l'assassinat d'Uthman et se poursuivent lors du califat de son successeur légitime, Ali, cousin et gendre du Prophète. L'unité du monde musulman est alors ébranlée durablement par des dissensions qui surgissent en son sein.

Ali est très rapidement confronté à une forte opposition, de la part de Aïcha, épouse du Prophète, et de Talha et al-Zubayr, des proches de ce dernier. Le combat est avant tout de nature politique. Estimant qu'ils méritent le pouvoir autant que lui, les deux armées s'affrontent en 656 dans la plaine qui s'étend à l'embouchure du Tigre et de l'Euphrate, lors de la « bataille du Chameau ». Les deux compagnons opposés à Ali sont tués. Ce dernier doit faire face à une autre opposition menée par Mu'âwiya, nommé par Uthman pour gouverner la Syrie, et qui souhaite maintenir son pouvoir sur celle-ci. Mu'âwiya prend prétexte de la nécessité de venger l'assassinat d'Uthman, son cousin, pour ne pas prêter allégeance à Ali. Mu'âwiya, en poste à Damas, conteste l'élection d'Ali, successeur légitime d'Uthman. À la tête d'une province, il refuse toujours de reconnaître le califat d'Ali et de se soumettre à son autorité. Ce dernier s'installe entre temps à Kûfa en Irak. La bataille de Siffîn opposant les deux camps a lieu en 657.

Alors que le conflit s'enlise, on décide de s'en remettre à l'arbitrage, que le Coran institue en cas de différends. L'arbitre qui représentait Ali propose un compromis consistant à trouver un autre calife, mais la personne représentant l'autre camp refuse cette solution. Cette proposition avait été interprétée par le camp de Mu'âwiya comme un compromis impliquant la démission d'Ali de ses fonctions. Une partie des partisans de ce dernier refusèrent cet arbitrage, firent sécession et se retournèrent contre lui. Ce sont les khârijites. Ils seront écrasés quelque temps après. C'est dans un contexte de guerre civile que la légitimité du pouvoir, avec l'assassinat d'Ali par les kharijites, laisse place à la monarchie héréditaire. Mu'âwiya marche sur Kufa et prend le pouvoir en 661. La fin de la période califale incarnée par Ali annonce le début de la royauté et du règne des Omeyyades.

Pour nombre de spécialistes musulmans, le phénomène de l'usurpation du pouvoir constitue une cause principale du désordre qui règne au sein de la *Oumma* depuis la fin de la période califale jusqu'à nos jours. Il est nécessaire pour eux de dénoncer l'illégitimité du pouvoir comme étant un poids qui pèse sur la communauté musulmane depuis plusieurs siècles, qui influence le présent et l'avenir de celle-ci. La légitimité du pouvoir politique d'État est un fondement des sociétés en islam. Une autre légitimité existe, celle du droit politique d'opposition, notamment incarnée en temps de crise par le compagnon Abou Dhar.

Le chiisme [8], mouvement des légitimistes, se forma progressivement suite à l'assassinat d'Ali et à l'arrivée au

8. Les chiites considèrent Ali, cousin et gendre du Prophète, comme son successeur légitime. Ils s'appuient sur différentes sources rapportant qu'Ali avait été désigné par le Prophète. Ils estiment ainsi que le califat revient de droit aux descendants du Prophète et ont rejeté historiquement l'éloignement d'Ali du pouvoir. Ce mouvement, *shî'at* 'Alî («parti d'Ali»), est à l'origine de ce courant de pensée. À la différence du sunnisme, ses partisans estiment que le califat ne peut être détenu que par un membre de la «Maison du Prophète», un des descendants d'Ali et de Fatima. Cette distinction, à l'origine politique et partisane, fonde une des plus

pouvoir des Omeyyades. Il soutient au départ les revendications des descendants d'Al-Abass, oncle du Prophète. Lors de l'accession au pouvoir des Abbassides, les chiites s'opposent à la lignée collatérale du Prophète et revendiquent le pouvoir pour les descendants directs du Prophète, les petits-fils d'Ali. Le mouvement chiite fonda un État en Afrique du Nord et plusieurs principautés.

Le consensus conduisant à l'élection légitime d'un chef d'État ne durera qu'un temps après la mort du Prophète (période des quatre califes). Le passage d'un modèle de gouvernement fondé sur le consensus, à la monarchie héréditaire, marque une rupture sur le plan spirituel, social et politique.

Les compagnons du Prophète qui survécurent à l'époque de Mu'âwiya et de ses descendants, assimilèrent l'usurpation du pouvoir au césarisme. Désunis et incapables de faire front face au pouvoir en place, ils se divisèrent en trois groupes : certains se soumirent à l'état de fait, d'autres se soulevèrent

importantes dissensions qui existent au sein de l'islam. Cette divergence, qui remonte aux premiers temps du désordre et de ses luttes, concerne aussi l'interprétation du Coran. Au-delà des désaccords, la source reste la même, et sunnites et chiites partagent un profond attachement au Coran et au Prophète. Les chiites représentent environ un dixième des musulmans dans le monde. La subdivision du mouvement chiite au cours de l'histoire a pour origine des divergences portant sur le choix de l'Imam. La majorité des chiites sont dits duodécimains (ou imamites). Ils reconnaissent l'autorité de douze imams (Ali et onze successeurs). Ils sont notamment majoritaires en Iran, en Irak, en Azerbaïdjan et à Bahreïn. Le chiisme met notamment l'accent sur la nécessité du retour à un islam originel fondé sur l'égalité entre musulmans et sur la justice sociale. Il adopte une posture contestataire face à des pouvoirs considérés comme naturellement illégitimes.

contre le pouvoir en place, comme Abdallah ibn Zoubaïr ou Houssain ibn Ali, qui fut tué et décapité[9], et enfin, quelques-uns choisirent de se retirer de la vie publique.

Le mot *fitna* qualifie le désordre qui opposa les compagnons du Prophète les uns aux autres, la rupture avec la période de stabilité califale, qui conduisit à l'avènement de la monarchie héréditaire. Les conséquences de cette situation se font ressentir encore aujourd'hui au sein du monde musulman sur le plan individuel et collectif. Cette période marque le début de la décadence du monde musulman. Les hautes aspirations ont laissé place aux pulsions, aux instincts de l'ego, et aux intérêts individuels. Le modèle spirituel, éthique, moral, social et politique, incarné par le Prophète et par ses compagnons, ne guide plus l'action et ne constitue plus la norme. Il s'est dissout dans la masse des nouveaux convertis qui ne reçurent pas la même éducation que les premiers musulmans.

Les Omeyyades

La dynastie des Omeyyades, dont le siège est à Damas, règne jusqu'en 750. Cette période est marquée par l'affirmation du pouvoir familial fondé sur une relation étroite avec l'armée

9. Houssain ibn Ali refuse de prêter allégeance à Yazid, fils de Mu'âwiya. Il quitte Médine pour se réfugier à La Mecque. Il aspire, en faisant face au pouvoir en place, qu'il juge illégitime, à perpétuer le modèle éthique, de justice et de gouvernance, incarné par son grand-père et par son père. Lors de la bataille de Kerbala en 680, les compagnons de Houssain sont tués. Les partisans de Houssain se mesurent à la puissante armée omeyyade, qui contrôle tous les accès à l'eau. Seul le plus jeune fils d'Houssain, Ali Zayn al-Abidin, est épargné, ainsi que les femmes et sa sœur Zaynab fille d'Ali.

tribale arabe, sur l'expansion territoriale et militaire, et sur le tribut dont sont redevables les protégés non musulmans (*dhimmi*)[10].

Avec l'avènement d'Abdel-Malik, le gouvernement alors instable, retrouve une certaine stabilité qui permet une nouvelle vague de conquêtes (Maroc, Espagne, nord de l'Inde, Transoxiane). Les aspirations spirituelles laissent place aux considérations matérielles (luxe, gaspillage), au clientélisme qui engendrent des soulèvements. Le court règne d'Omar ibn Abdel-Aziz représente une exception au sein de cette période. Certains lui donnent le nom de « cinquième calife », tant il s'inscrit dans la continuité des premiers successeurs du Prophète. Il incarne pour les musulmans à la fois la profondeur spirituelle de l'islam et la justice.

Sous les Omeyyades, les territoires musulmans atteignent leur plus grande extension. L'islam s'étend ainsi *des confins de la Chine à l'océan Atlantique*.

Sur le plan civilisationnel, cette période est marquée par la création de villes nouvelles (Kairouan, en Tunisie, Houlwan en Égypte, Almanssoura en Inde), par des progrès scientifiques,

10. Ce terme du droit musulman désigne les sujets non musulmans en territoire administré par les musulmans. Il s'applique essentiellement aux gens du Livre. Ce statut leur impose principalement de payer à l'État musulman un impôt particulier appelé djizîa et une taxe foncière, le kharâj. En échange, l'État offrait essentiellement aux dhimmis la protection de leur vie, de leurs biens et la liberté de pratiquer leur propre religion. Ils sont en outre dispensés de certaines obligations auxquelles les musulmans sont tenus (comme le versement de la *zakât* ou servir dans l'armée).

des avancées sur le plan social, intellectuel, avec notamment la traduction des ouvrages étrangers, grecs et autres, la création d'une monnaie arabe spécifique et l'arabisation de l'administration qui permet à la langue arabe de se propager. Déchirée par les conflits internes, la dynastie omeyyade disparaît suite à une importante révolte arabe et des convertis (*mawâlî*).

Les Abbassides

Le règne abbasside (750-1258) est marqué par une scission de l'Empire. L'Espagne omeyyade fait sécession ainsi que le Maghreb occidental d'obédience kharijite. Un nombre sans cesse croissant de principautés voit le jour. Un pouvoir rival émerge en Espagne à Cordoue. À l'Est, Bagdad remplace Damas comme métropole centrale. Les conquêtes militaires cessent et le front byzantin est stabilisé. La dynastie établie par al-Mansour fait face à une contestation très forte de la part des chiites [11]. Les Abbassides adoptent comme philosophie morale le mutazilisme. À cette époque, les armées populaires sont remplacées par des armées permanentes constituées de professionnels, recrutés de plus en plus parmi les soldats d'origine turque. Ceci donne naissance à un féodalisme qui aboutit plus tard à l'émergence de provinces autonomes et de dynasties de gouverneurs. Un siècle après leur accession au pouvoir, les Abbassides délèguent ou perdent leurs prérogatives en faveur de gouvernements périphériques [12].

11. Mantran, 1990.
12. Hamidoullah, 1981.

C'est sous les Abbassides que leur gouverneur de Tunis est conduit à prendre part aux guerres civiles de Sicile. Cette île est conquise, ainsi qu'une partie importante de l'Italie. Les Aghlabides [13] s'implantent aussi dans le sud de la France et en Suisse. Les Fatimides prennent leur place par la force. D'obédience chiite, ils règnent depuis l'Ifriqiya [14], puis s'établissent en Égypte, où émergera au Caire un « califat » rival. Leur pouvoir s'étend sur un territoire qui englobe l'Afrique du Nord, la Sicile et une partie du Moyen-Orient. La profanation par un des souverains fatimides des lieux saints de la chrétienté à Jérusalem entraîne une vive réaction en Europe : l'incitation des papes à la guerre sainte et la série des croisades qui ensanglanteront l'Orient et l'Occident pendant deux siècles.

Bagdad représente alors un centre d'activité intellectuelle intense (Arabes et Persans convertis). Cette période, illustrée par le règne de Haroûn al-Rashîd, marque l'essor de la civilisation citadine (développement des sciences religieuses, discussions théologiques, introduction des sciences issues de l'Inde ou de la Grèce, etc.).

Parallèlement, l'activité économique se développe (fabrication et exportation de soieries, tapis, étoffes brodées,

13. Cette dynastie, fondée par le gouverneur abbasside Ibrahim ibn al-Aghlab, avait pour capitale Kairouan. Elle régna de 800 à 909 sous la souveraineté nominale des Abbassides. Les Aghlabides entreprirent la conquête de la Sicile (827) et de l'île de Malte (870). En 910, ils furent renversés par les Fatimides. Cette dynastie chiite descendant de Fatima (fille du Prophète Mohammed), règne en Afrique du Nord de 910 à 969, puis en Égypte, de 969 à 1171.

14. Partie orientale du Maghreb médiéval.

fabrication du papier de chiffons inventé par les Chinois) à Bagdad et à Samarcande. Un trafic commercial important a lieu avec l'Extrême-Occident ainsi qu'avec l'Extrême-Orient [15].

Les musulmans introduisent en Andalousie de nouvelles méthodes d'irrigation, la région de Valence est transformée (introduction de plantes venues de l'Inde ou de Chine telles que le riz, le mûrier, l'artichaut, l'asperge, l'abricotier, de fleurs telles que le jasmin et le camélia). Le travail du cuir se développe à Cordoue. Tolède est connue pour l'orfèvrerie, le travail du cuivre et des épées « damasquinées ». Partout, des écoles et des universités voient le jour. La bibliothèque de Cordoue renferme au Xe siècle 400 000 ouvrages. Les Arabes conservent l'héritage intellectuel des peuples anciennement civilisés et développent nombre de sciences : plusieurs grands savants, théologiens, géographes, médecins, poètes du Moyen Âge sont des musulmans d'Espagne [16]. Le « califat » de Cordoue finit par s'émietter en de multiples principautés (*taïfas*), touché du même mal que l'Empire abbasside. La reconquête de l'Espagne, initiée par les petits royaumes catholiques du Nord, s'achève en 1492 avec la prise de Grenade.

La décadence des Abbassides, dès le milieu du IXe siècle, est provoquée par la conjonction de facteurs intérieurs et extérieurs (prépondérance des mercenaires turcs de la garde califienne et de leur chef, agitation kharijite, déséquilibre

15. Sourdel, 1999.
16. Malet, Isaac, 1994.

social lié au brusque essor économique entraînant la misère des basses classes, dislocation de l'Empire, etc.).

Les dynasties non arabes

Le pouvoir, aussi bien en Orient qu'en Occident est, du XIe au XIIIe siècle, entre les mains de souverains non arabes (berbères à l'ouest, turcs ou kurdes à l'est). Les musulmans doivent faire face aussi à des ennemis extérieurs (début de Reconquista en Espagne, croisades au Proche-Orient). Plus à l'est, au XIIIe siècle, les musulmans font face à l'invasion de Gengis Khan. Ses successeurs pénètrent en profondeur dans les territoires de l'islam. En 1258, Bagdad est conquise et détruite. Au Maghreb et en Espagne émergent des dynasties berbères, almoravide (*al-morâbitoun*) puis almohade (*al-mowahhidoun*), attachées aux préceptes religieux et à la lutte contre les souverains d'Espagne. Au centre du monde musulman, Salâhal-Dîn, après sa victoire sur les croisés et sa domination sur Jérusalem, réussit à restaurer une unité qui ne survit pas après sa mort. Les Seldjûqides, en Iraq et surtout en Asie Mineure, incarnent un nouveau souffle et un dynamisme qui se manifeste notamment contre les Byzantins. En Iran, en Afghanistan et en Asie centrale, des Turcs et des Mongols contribuent à la fragmentation du monde musulman.

Alors que le Xe siècle et le début du XIe siècle sont marqués par l'émergence du chiisme (Fatimides d'Ifriqiya puis d'Égypte), la période [17] qui suit est marquée par un renouveau du sunnisme : construction de mosquées, et notamment au Proche-Orient, d'écoles (*madrasa*), multiplication d'auteurs religieux et profanes, tels Ibn Tufayl, Ibn Ruchd, Idrîsî, Averroès, Ibn al-Athîr, Ibn 'Arabî, etc. [18] Cette période s'inscrit dans la continuité des précédentes, marquée par la décadence, l'affaiblissement de l'unité spirituelle, politique et territoriale du monde musulman, malgré l'épanouissement intellectuel et artistique qui la caractérise : « *À partir du XIe siècle, les signes d'une crise sociale durable dans les capitales autrefois les plus florissantes, les coups de boutoir des Latins à l'ouest – croisades, Reconquête en Espagne – et, au XIIIe siècle, des Mongols à l'est, tout contribua au raidissement et au conservatisme d'un islam devenu dominant en son sein, mais menacé à l'extérieur. L'espace musulman s'isola intellectuellement, en particulier à l'égard des Occidentaux, désormais plus créatifs* » [19].

Le modèle de gouvernement alliant pouvoir spirituel et pouvoir temporel est altéré de manière profonde et durable

17. Selon Pascal Buresi, « *à partir du milieu du XIe siècle et surtout au XIIe siècle, les Seljoukides vont être les acteurs du renouveau du sunnisme, non seulement parce qu'ils vont affronter les croisés, mais aussi parce qu'ils appuient leur pouvoir sur la défense du sunnisme et de l'école hanafite contre les Fatimides du Caire. Ils n'aspirent pas à rétablir l'autorité califale, mais à renforcer la leur propre autour de la défense du nouveau système qu'ils mettent en place : le sultanat* ». Les principales mesures qu'ils prennent ont pour vocation selon lui de consolider leur légitimité en tant que défenseur de l'islam et du sunnisme, face aux croisés chrétiens et aux chiites : « *ils pratiquent une forme d'évergétisme en utilisant l'institution du waqf (biens de main-morte) pour s'affirmer comme défenseurs de l'islam. Outre le financement d'hôpitaux (maristân), ou de fontaines dans les marchés, ils utilisent le waqf pour fonder des madrasas, des écoles destinées à former les administrateurs de leur domaine* ».
18. Mantran, 1990.
19. Picard, 2001.

après la période des quatre califes, avec l'avènement de la monarchie. Cependant, l'héritage spirituel, intellectuel de l'islam, et l'idéal de justice que porte ce dernier, ne cessent de se transmettre de génération en génération, et d'être incarnés au fil des siècles par des hommes et des femmes qui, parfois, au péril de leur vie, cherchent à éveiller et à unifier les consciences. La défense d'une vision globale de l'islam remet en question le pouvoir en place et ses prérogatives. Ce dernier cherche à asservir les hommes de foi et les penseurs partisans de la réforme et du renouveau. L'esprit et le mouvement de réforme se perpétuent, mais les pesanteurs qui minent la *Oumma* depuis la *fitna* et la volonté ferme des détenteurs du pouvoir temporel de se maintenir en place expliquent pourquoi ce courant ne put s'affirmer au fil des siècles, prendre de l'ampleur et changer de manière significative la donne au sein d'un monde musulman divisé et affaibli.

« *L'histoire de l'islam n'est pas rectiligne, sans variation d'une période à l'autre, d'une région à l'autre : la période du XIIIe au XVe siècle en est un témoignage probant.* »[20] L'islam recule progressivement en Espagne face à la Reconquista. En Afrique du Nord, cette période est marquée par la division des territoires entre trois dynasties concurrentes : les Hafsides, les Mérinides et les Abdelwadides. Celles-ci n'arrivent pas à se défaire des forces centrifuges, cause de leur dislocation, et à empêcher les Portugais et les Espagnols de s'introduire sur le pourtour côtier. Au Proche-Orient, le sultanat mamelouk assied sa domination. Il règne sur

20. Mantran, 1990.

l'Égypte et la Syrie et s'érige en centre politique, économique et religieux du monde musulman. Des petits émirats turcomans succèdent, plus au nord, aux Seldjuqides de Rûm. Au cours de la seconde moitié du XIVe siècle, l'un d'eux domine les autres, celui du fondateur de la dynastie ottomane, Osman. Celle-ci est à l'origine de la prise de Constantinople en 1453, mettant ainsi fin à un millénaire d'hégémonie byzantine. L'Empire ottoman s'étend sur l'Asie Mineure, sur les Balkans et jusqu'à Vienne en Europe de l'Est. Les Ottomans étendent leur domination jusqu'à l'Égypte et l'Ifriqîya. Le conquérant Tamerlan est, plus à l'est, à la tête d'un vaste territoire allant de l'Inde à la Syrie jusqu'à l'Anatolie. Il succède aux Khans mongols d'Iran et d'Asie centrale. Après sa mort en 1405, son empire, qui se disloque, est partagé entre différentes tribus turcomanes. Elles succombent face à la puissance ottomane. En Afghanistan et en Asie centrale émergent de petites dynasties locales [21].

L'Empire ottoman : de l'hégémonie au démembrement

L'existence de l'Empire ottoman s'étale sur six siècles. Osman étend progressivement le territoire de son empire au détriment des Mongols et des Byzantins. L'expansion, un moment freinée par Tamerlan, reprendra avec la prise de Constantinople par Mehmet II, la conquête de l'Europe balkanique, de la Syrie, de l'Égypte (par Sélim Ier), au détriment des Mamelouks, et de l'Irak (par Soliman le Magnifique) :

21. Mantran, 1990.

« *L'empire s'étendait alors des portes de Vienne au Nil, de Bagdad à Tunis et Alger occupées par des corsaires turcs, et ses grandes villes, parsemées de mosquées à coupoles et minarets turcs hanafites, témoignaient comme Istanbul du plein épanouissement de l'art des Ottomans* »[22]. L'Empire domine alors la majeure partie de la Méditerranée et contrôle les routes en provenance de l'Asie ou de l'Afrique.

Le XVIIIe siècle marque le début de la décadence. Les États européens mettent en place leurs stratégies d'expansion et d'hégémonie politique, territoriale et économique. D'une manière générale, le monde musulman a perdu sa vitalité d'antan. L'Europe industrialisée impose progressivement sa puissance. À l'aube du XIXe siècle, l'islam est partout sur la défensive, subissant l'influence du monde occidental. De la fin du XVIIIe siècle au début du XXe siècle, l'Empire ottoman agonise lentement sous la pression des grandes puissances européennes. L'émergence des nationalismes locaux soutenus par les Occidentaux, qui souhaitaient anéantir une puissance longtemps considérée comme une menace, aboutit au démembrement de l'Empire et à sa disparition après la Première Guerre mondiale. Dans l'ensemble du monde musulman *« s'éveille la conscience du retard accumulé en matière de technologie, mais aussi dans les domaines de la pensée religieuse, de la politique, de la philosophie. Des mouvements à tendance moderniste ou réformiste apparaissent, qui débouchent, à l'aube du XXe siècle, sur le nationalisme mais n'ont pas encore les moyens de faire triompher leurs nouveaux idéaux. À l'image de ce qui se passe en* Égypte, *en Syrie, dans*

22. Sourdel, 1999.

l'Empire ottoman, les esprits bougent ; alors s'élaborent des doctrines qui trouveront leur application dans le courant du XXe siècle » [23].

Selon Dominique Sourdel, « *le "panislamisme" allait jouer son rôle parmi les nouvelles tendances de l'islam moderne, mais se heurter à l'opposition arabe et à l'éveil des nationalismes* » [24]. Dès le XIXe siècle, d'un point de vue de la pensée islamique, dans différents pays, des penseurs s'inscrivent dans un mouvement de réforme et d'éveil spirituel, intellectuel et politique du monde musulman, qui se prolonge jusqu'à nos jours (Jamal-Al Din Al Afghani, Mohammed Abduh, Mohammed Iqbâl, Saïd Nursî, Mohammed Rachid Rida, Hassan El Banna, Abdessalam Yassine). Une tradition prophétique évoque le fait qu'au cours de l'histoire, l'islam connaîtra un processus de renouveau qui se perpétuera, siècle après siècle, et qui sera incarné par l'avènement successif de figures réformatrices. Ce processus est le garant de la préservation de l'islam, dans sa profondeur, dans ses dogmes et dans sa globalité. Cette tradition prophétique est à mettre en relation avec un autre hadith qui précise que la foi, dont le siège est le cœur, « s'use », s'affaiblit, et que le fidèle se doit de l'entretenir et de la « renouveler » de manière continue. Ces deux traditions tournent autour de la notion de *tajdid*. Celui-ci est inhérent à la dimension éducative qui se manifeste à la fois à l'échelle des individus et des collectivités. La fin de la période des « califes bien guidés » marque une rupture avec une compréhension de l'islam et du modèle prophétique qui repose

23. Mantran, 1990.
24. Sourdel, 1999.

avant tout sur un cheminement de l'être tout entier qui mène à la connaissance de Dieu. Cette quête de sens et cette aspiration à l'excellence, d'un point de vue moral et spirituel, étaient, à l'origine, indissociables d'une volonté d'être et d'agir au cœur de la société. Le monde musulman s'éloigne progressivement de ce modèle qui place la dimension ontologique au cœur de toute réforme. Ce dernier allie historiquement présence à Dieu et présence au monde, spiritualité et justice. Les réformateurs, à travers leur *ijtihâd* et la prise en compte du contexte qui est propre à chaque environnement et à chaque période, incarnent un courant central qui puise sa légitimité dans les sources de l'islam et qui aspire à rassembler, au fil des siècles, les différentes dimensions d'un modèle en proie à la désintégration et au déclin. Ils ont, en d'autres termes, pour mission d'œuvrer afin que l'islam se réconcilie avec son essence et qu'il retrouve sa vigueur et son authenticité. La cohésion de ce modèle et sa consolidation reposent sur un cheminement individuel et collectif qui associe dimensions spirituelle, de la raison et action effective au sein de la société.

Orientations bibliographiques

Abou Hassan Ali Nadawi, *L'autre face du monde : sans la décadence des musulmans*, éditions al Qalam, Paris, 1992.

Pascal Buresi, *Gouverner en Islam entre le Xe siècle et le XVe siècle*, Centre Nationale de l'Enseignement à Distance (CNED), 2014.

Hichem Djaït, *La grande discorde. Religion et politique dans l'Islam des origines*, éditions Gallimard, Paris, 1989.

Mouhammed Hamidoullah, *Initiation à l'islam*, Imprimerie bilingue, Alger, 1981.

Amine Maalouf, 1999, *Les Croisades vues par les Arabes*, éditions J'ai lu, Paris, 1999.

Albert Malet, Jules Isaac, *L'histoire : Rome et le Moyen Âge*, L'âge classique, Les révolutions, La naissance du monde moderne, éditions Marabout, Paris, 1994.

Robert Mantran, *Les grandes dates de l'islam*, Larousse, Paris, 1990.

Christophe Picard, « L'âge d'or de l'islam », in *L'Histoire*, n° 260, 2001.

Mohammed Tabari, *La Chronique de Tabari* (2 volumes), Sindbad-Actes Sud, Arles, 2001.

Science et courants de pensée

Existence d'une catégorisation des savoirs du vivant du Prophète de l'islam

L'islam considère que les différents domaines scientifiques (biologie, géographie, physique, astronomie, histoire…) mènent au Savoir, à la connaissance de Dieu. Monde sensible et monde imperceptible sont interdépendants. Le livre du monde perceptible tout entier est pour nos sens source de méditation. La parole révélée éclaire la Création, lui donne sens, et nous invite à vivre en harmonie avec elle, avec le cosmos, avec la nature qui nous entoure, avec l'infiniment grand et l'infiniment petit.

Abou Horaira, compagnon et contemporain du Prophète a dit : «*J'ai reçu du messager de Dieu deux "récipients" de science. Je vous ai parlé de l'un d'entre eux alors que je me suis tu concernant le second, car sinon on m'aurait tranché la gorge*» (El Boukhari).

Il existe une divergence entre les soufis et les gens du hadith [25] concernant l'interprétation de ces paroles. Pour Ibn Hajar, la

25. La science du hadith (*ilm al-hadith*) rassemble plusieurs disciplines qui ont pour finalité l'analyse des traditions prophétiques. Une méthodologie spécifique a été élaborée afin d'évaluer l'authenticité des traditions attribuées au Prophète de l'islam. Les différentes composantes de celles-ci

science cachée se rapporte à l'histoire. Elle ferait notamment mention de noms de despotes et de la période à laquelle ils gouverneront. Abou Horaira fera aussi clairement référence à l'année 60 de l'hégire et au fait que le pouvoir sera remis entre les mains d'enfants (référence à l'arrivée au pouvoir de Yazid).

Vraisemblablement, Abou Horaira fait référence dans sa première parole à la description que fera plus tard Abdoul Qader Jilali (1078-1166)[26] de celui dont la foi est forte : il voit tout ce que Dieu a évoqué concernant le jour du jugement dernier, le paradis, l'enfer, les anges. Il voit les choses telles qu'elles sont en réalité, il perçoit le caractère éphémère de cette vie.

Il existerait selon les soufis une science intrinsèque, liée à la purification du cœur (*'ilm el haqîqa* ou *'ilm el bâtin*), interprétation que récusent les gens du hadith.

Pour les soufis, qui ont cherché à préserver au fil des siècles la dimension spirituelle de l'islam, cette connaissance intrinsèque

sont analysées : le contenu, ou matn, et la chaîne de transmission, isnâd. Ce travail permet de classer les hadiths en fonction de leur degré d'authenticité. Les spécialistes des hadiths et des chaînes de transmission portent le nom de *muhaddithūn*. L'appellation de *ahl al-hadith* (« gens du hadith ») englobe les savants qui considèrent les hadiths comme des matériaux essentiels dans la définition du dogme et de la législation. Dès les premiers temps de l'islam, se pose la question de l'authenticité des traditions remontant au Prophète. C'est à partir du VIIIe siècle qu'apparaissent les premiers corpus de hadiths. Pour s'assurer de la validité d'un hadith, l'individu qui le rapporte doit fournir une chaîne de transmetteurs sûre.

26. Dénommé aussi al-Jilani. Il donne naissance à une des plus grandes confréries soufies : la Qadiriyya.

est le fruit d'une application concrète de la voie que trace la *charia*, d'une intention et d'une volonté orientées vers Dieu. Pour eux, la purification de l'âme représente la clé du cheminement vers Dieu qui permet d'accéder aux réalités imperceptibles. Les Bâtiniyya représentent un courant sectaire, partisan du sens caché du texte sacré. Ils estiment que celui qui progresse dans la connaissance intérieure se libère des engagements que lui impose la *charia* et du fardeau qu'elle représenterait pour les individus. Les textes, dont l'aspect extérieur tromperait les masses ignorantes, recèleraient selon eux des réalités cachées accessibles aux esprits éclairés.

Pour Ibn Taymiyya (1263-1328), la dimension intrinsèque de l'islam constitue le fondement et le pilier de sa dimension extrinsèque. Pour Ahmed Rifa'i (1118-1182), on ne peut séparer les dimensions intrinsèque et extrinsèque de l'islam : l'intrinsèque constitue le noyau et l'extrinsèque, l'enveloppe. Rien ne peut les distinguer, ils sont interdépendants. Cœur et enveloppe corporelle ne peuvent être dissociés.

Rupture et naissance de courants de pensée

Suite à l'assassinat d'Ali, l'islam et les musulmans sont divisés et vivent une crise profonde. Dès la période califale, des courants de pensée, des mouvements sectaires se réclamant de l'islam voient le jour et trouvent leurs origines dans des questions politiques et dans les troubles qui ont marqué le monde musulman. Des dissensions commencent à apparaître du temps d'Uthman. Elles s'intensifieront sous le califat d'Alî qui succède à Uthman. Parallèlement, on assiste à la disparition progressive d'une compréhension globale de la science qui entraîne l'émergence d'une approche parcellaire et éclatée de l'islam. Le domaine des sciences religieuses se ramifie et des écoles juridiques (*madhhab*) voient le jour. Quatre écoles juridiques dominent aujourd'hui le monde musulman sunnite : l'école hanafite, l'école malékite, l'école shâfi'ite et l'école hanbalite. Il existe d'autres écoles juridiques qui se démarquent de ces quatre courants principaux. Des spécialisations apparaissent dans le domaine des sciences religieuses telles l'étude de la vie du Prophète (*sîra*), de la jurisprudence (*fiqh*), des fondements de la Loi islamique (*usûl al-fiqh*), les sciences du Coran (*ulum al-Qur'ân*), les sciences du hadith (*ulûm al-hadîth*).

La science qui est à l'origine lumière, siège dans le cœur et guide l'intellect. La rupture avec le modèle initial de l'islam s'est opérée lorsque le support textuel, l'intelligence, la raison et la volonté intérieure qui émane du cœur ne convergèrent plus pour donner corps à un modèle de cheminement et de présence au monde harmonieux.

Les causes de la division et de la décadence au sein du monde musulman sont de plusieurs natures : usurpation du pouvoir et remise en question de ses représentants légitimes, disparition progressive des compagnons qui incarnaient le modèle du Prophète, dispersion progressive de ceux qui survécurent dans les différents territoires conquis, expansion territoriale et arrivée en masse de nouveaux musulmans, corruption et enrichissement personnel dans les sphères du pouvoir, émergence de courants sectaires, guerres, tribalisme, clanisme…

Ces évolutions auront une incidence directe sur le modèle d'éducation et de compréhension de l'islam qui primait aux premiers temps de l'islam. Confrontés à des pouvoirs autoritaires despotiques, les hommes de science ont assisté, impuissants, à la restriction de leurs prérogatives et de leur champ d'action. L'islam se résume ainsi aux considérations spirituelles et aux rites. Ces évolutions, illustrées par un domaine du savoir de plus en plus compartimenté, expliquent l'infléchissement du développement des sciences dans un sens qui privilégie les considérations essentiellement jurisprudentielles. Le champ de l'*ijtihâd* se trouve considérablement restreint. On rompt avec une approche globale, dynamique des sources, et avec une compréhension éclairée du monde et des enjeux auxquels sont confrontés les musulmans.

La naissance de courants de pensée au sein de l'islam et à sa marge est une conséquence de l'état de division qui règne au sein de la *Oumma* après la *fitna*. Aussi, les musulmans sont confrontés au fil des siècles à des cas de figure nouveaux, non abordés dans le Coran (dogme, jurisprudence, politique, société). Cela conduit à l'émergence d'interprétations multiples des sources et à des divergences de compréhension de celles-ci. Certains courants s'éloignant de l'esprit et des principes fondamentaux de l'islam sont considérés comme sectaires. Face à des contextes nouveaux, qui impliquent des problématiques qui jusque-là ne se posaient pas, les savants musulmans ont cherché à développer les sciences religieuses et notamment à codifier le droit [27].

Nombre de pays d'Asie et d'Afrique sont majoritairement sunnites (Indonésie, Pakistan, Bangladesh, pays d'Afrique du Nord, d'Afrique Noire, du Golfe). À côté du courant sunnite majoritaire dans le monde, d'autres courants voient le jour au fil des siècles. Nous en aborderons ici quelques-uns.

Le kharijisme

Les kharijites représentent des groupes d'opinion sortis des rangs de l'armée d'Ali pour manifester leur opposition à sa politique de conciliation avec Mu'âwiya son adversaire. Puritains, ils défendent une conception rigoriste des principes de l'islam et du monde. Ils combattirent le pouvoir illégitime ainsi qu'Ali à qui ils reprochaient d'avoir fléchi devant l'ennemi. Ils combattirent pendant plus d'un siècle les armées omeyyades et abbassides. Malgré leur prise de position, Ali a toujours refusé de les considérer comme des renégats et proposait à ces derniers la paix. Deux notions sont essentielles chez les kharijites pour délimiter la communauté des croyants : la *walâya*, qui implique l'idée d'appartenance, de « consanguinité spirituelle », de ceux qui attestent à travers la parole et les actes la pure unicité de Dieu. À l'opposé, la *barâ'a*, exprime les idées d'excommunication et d'inimitié, « *dont la rigueur doit être appliquée à tous ceux qui se sont écartés de la voie droite* » [28].

27. Chatibi au VIIIe siècle, al-Ghazali au Xe, Ibn Achour au XXe.
28. Bouamrane, Gardet, 1984.

Contrairement aux chiites, les kharijites estiment que tout musulman croyant et pieux est prédisposé à devenir calife. Subdivisé à l'origine en quatre branches, ce courant n'est plus représenté aujourd'hui que par la secte ibadite (Afrique du Nord-Oman). Il a cependant survécu sous la forme d'un état d'esprit et d'un idéal. Au nom de l'appartenance à celui-ci, des populations se sont révoltées contre un pouvoir tyrannique comme au Soudan au XIXe siècle avec le mahadisme.

Le wahhabisme

Le wahhabisme est né dans le Nejd, dans le centre de l'Arabie, au milieu du XVIIIe siècle. Il est fondé par Mohammed ibn Abd el-Wahhâb. Il est souvent défini comme un courant, issu du hanbalisme, qui aspire à un retour à la pureté originelle de l'islam. Les mouvements salafistes contemporains trouvent leur origine dans les idées et la prédication de Mohammed ibn Abd el-Wahhâb. Selon lui, le déclin des pays musulmans face à l'Occident est la conséquence de l'oubli du message initial de l'islam.

Après avoir reçu une éducation islamique dans sa ville natale du Najd, puis à La Mecque et à Médine où il rencontre des savants et étudie spécialement le hadith, il approfondit ses connaissances à Al-Basra, à Bagdad et à Ispahan. Il s'intéresse à l'exégèse, à la langue arabe, à la philosophie et à la mystique. Il lit en particulier de grands classiques de l'école hanbalites, tels Ibn Taymiyya et Ibn Qayyim al-Jawziyya [29]. Il regagne

29. Bouamrane, Gardet, 1984.

l'Arabie au terme de ce cycle de formation. Comme le rappelle Chikh Bouamrane, cette région est alors en proie à l'injustice et à l'anarchie, malgré la présence ottomane dans les lieux saints. De retour à son pays natal, il est particulièrement outré par la place que prennent les superstitions, les innovations (*bid'ah*), et notamment le culte des saints qui se traduit par des pèlerinages à leurs tombes et des sacrifices réalisés en leur nom. Un des fondements de la doctrine wahhabite insiste notamment sur le monothéisme (*tawhîd*) qui s'oppose au *shirk* (associationnisme). Le fatalisme populaire gagne les esprits et suscite la résignation face aux abus et à la tyrannie. Tout ceci incite Abd el-Wahhâb à vouloir réformer la société et à instaurer un État fort à même d'unifier le pays spirituellement et politiquement. Après avoir prêché sa vision dans sa région, il se heurte à de vives oppositions. Il est forcé de se replier à Darr'iyya où il compte quelques disciples. Il reçoit alors la protection de l'émir Mohammed ibn Saoud qui adopte la doctrine d'Abd el-Wahhâb. L'alliance est définitivement scellée lorsque ce dernier donne sa fille en mariage à l'émir. Il fait parvenir son message aux princes et aux savants de l'Arabie et également dans d'autres pays afin de susciter le réveil du monde musulman. Après sa mort, l'alliance avec la famille Saoud est maintenue par leurs descendants. Malgré les expéditions du gouvernement ottoman pour réprimer leur mouvement, les wahhabites finissent par devenir maîtres de l'Arabie, bénéficiant du soutien des Britanniques. Avec le début de la Première Guerre mondiale, Abd al-Aziz se rapproche graduellement des Britanniques. Un traité de protection est signé avec ces derniers en 1915. Une fois l'ensemble des provinces de la péninsule conquises, l'État est consolidé. Le soutien des *oulémas*, est essentiellement assuré par une *fatwa* de 1927, qui profite largement à Abd al-Aziz ibn Saoud. Les *oulémas* décrètent qu'il est interdit de se révolter contre le détenteur du pouvoir. La disparition de l'Empire ottoman en 1922 ainsi que la politique britannique au Moyen-Orient, ont conduit à l'accession au pouvoir de la dynastie des Saoud dans le nouvel État d'Arabie Saoudite, et au renouveau du wahhabisme, qui a bénéficié d'une assise solide grâce aux pétrodollars. Comme le rappelle Chikh Bouamrane, le wahhabisme connaît une diffusion rapide au sein du monde musulman, malgré les réticences de nombre de milieux politiques et religieux. Il gagne toute la presqu'île arabique, devenant la doctrine d'État, et est accueilli dans d'autres pays comme au Yémen, en Iraq ou en Inde où il inspire des réformistes. Les partisans du wahhabisme se considèrent jusqu'à nos jours comme étant les dépositaires légitimes de la *sunna*, de l'héritage prophétique. Ils estiment détenir la vérité sur l'islam et seraient sur la voie tracée par le Prophète pour sa communauté, et sur celle des *salafssalihs* (pieux prédécesseurs). Ils prétendent suivre le *minhajahlu sunna waljam'a* (les gens de la tradition et du consensus) et prêchent un islam radical. Leurs savants, dont la notoriété serait incontestable (Al Albani, Ibn Uthaymin, Ibn Baz, Al Fawzân) tirent leur compréhension de l'islam d'une lecture littérale du Coran et de la *sunna*. En dehors de leurs références intellectuelles, les savants musulmans, tels Abu Hamid El Ghazali, figure emblématique du renouveau islamique au Moyen Âge, ou Youssouf El Qardawi, savant contemporain, sont critiquables. Nombre de savants qui font l'unanimité dans le monde musulman sont même considérés par certains partisans de cette mouvance comme étant des hérétiques.

Ce courant fait référence à la tradition prophétique dans laquelle est mentionnée la *firqaannâjiya*, la frange de la *Oumma* qui sera sauvée le jour du jugement dernier. Cette approche rigoriste et simpliste de l'islam attire notamment des jeunes des quatre coins du monde. La propagation de cette mouvance, qui bénéficie de soutiens financiers, est notamment facilitée par les nouvelles technologies et les moyens de communication modernes (internet, chaînes satellitaires, réseaux sociaux, etc.). Aujourd'hui, au sein de ce courant de pensée, il existe des sensibilités multiples (traditionaliste, réformiste, jihadiste).

Al Qadyanya (ou Al Ahmadiya)

Cette secte rassemble les partisans d'Ahmad Gholem, né à Qadyan en Inde au XIXe siècle.

Sa secte demeure unifiée au cours de sa vie et de celle de son successeur puis se scinde en deux courants. Les enseignements de son fondateur sont fondés sur l'interdiction du *jihad*. Il est le Prophète et messager de Dieu. Il appelle les Indiens à soutenir les Anglais qui sont ses bienfaiteurs, ses protecteurs, et ceux qui lui ont permis de diffuser ses idées et ses croyances.

Les musulmans considèrent Mohammed comme le dernier des Prophètes. Les adeptes d'Al Ahmadiya réfutent ce principe en interprétant différemment les versets qui affirment cette vérité selon le Coran. Ahmed Gholem serait le Mehdi et le Prophète venu afin de soutenir la législation de Mohammed, le Messie dont le retour est attendu. Considérant que la porte de l'inspiration reste ouverte aux individus, il aurait reçu de Dieu la révélation. Il estime être le réformateur inspiré par Dieu. Tout musulman qui ne croit pas en lui est un négateur. Ahmed Gholem et ses adeptes sont supérieurs à tous les autres Prophètes et à leurs adeptes. Le Messie qadyanite est le seul à pouvoir connaître le sens réel des versets. La tradition prophétique, *sunna*, n'est pas considérée, selon les adeptes d'Al Ahmadiya, comme l'un des critères de base de la législation islamique. La ville de Qadyan et sa mosquée ont une valeur semblable à celle de La Mecque. Le pèlerinage à Qadyan équivaudrait à celui effectué à La Mecque. Qadyan serait le troisième lieu saint de l'islam. Cette secte emploie différents moyens d'informations et de communication pour diffuser ses idées.

Orientations bibliographiques

Chikh Bouamrane et Louis Gardet, *Panorama de la pensée islamique*, Sindbad-Actes Sud, Paris, 1984.

Tariq Ramadan, *Aux Sources du renouveau musulman - D'al-Afghâni à Hassan al-Bannâ, un siècle de réformisme islamique*, éditions Tawhid, Lyon, 2002.

Dominique et Janine Sourdel, *Dictionnaire historique de l'islam*, PUF, Paris, 1996.

L'islam en Europe

Dans certains pays d'Europe, il existe des statistiques officielles sur les appartenances religieuses. Cependant, ailleurs, les chercheurs sont contraints de prendre en compte les données liées aux nationalités et/ou aux ethnies pour aboutir à des estimations fiables. En Europe, les situations varient significativement d'un pays à l'autre. Concernant les organisations musulmanes, dans les petits pays (en termes de population), le paysage peut se résumer à l'existence d'un nombre limité d'organisations. Dans les grands pays, une organisation régionale pourra avoir un impact à l'échelle nationale [30].

Afin d'effectuer des comparaisons entre les pays européens, certains critères peuvent être intéressants à prendre en compte : étude de la composition de la population de confession musulmane, rapport de l'islam à l'État, prise en compte et rôle des principales organisations musulmanes, mosquées et salles de prière, éducation des enfants, codes vestimentaires, dialogue interreligieux, etc. [31] Nous nous intéresserons ici aux enjeux liés notamment à l'identité, à la nation, à la visibilité de l'islam et à la citoyenneté.

30. Nielsen, 2011.
31. Nielsen, 2011.

Ancrage historique, poids démographique et réalités multiples

L'anthropologue Jack Goody estime que l'islam fait partie intégrante du passé comme du présent de l'Europe, et que son influence au sein de ce continent est très ancienne : « *au-delà de la vague d'immigration récente qui fournit aux pays d'accueil une si précieuse main-d'œuvre – en provenance du Pakistan pour le Royaume-Uni, d'Afrique du Nord pour la France, et de Turquie pour l'Allemagne –, l'islam est profondément inscrit depuis le VIII*e *siècle dans un paysage européen qu'il a contribué à modeler : par sa présence politique, militaire et religieuse bien entendu, mais également par ses innombrables apports dans des domaines aussi divers que la technologie, l'architecture, les humanités, les mathématiques, la chimie, l'agriculture, le génie hydraulique, la philosophie, les sciences politiques, les récits de voyage et la littérature dans son ensemble* ». Il estime que la civilisation musulmane tient depuis longtemps une place prépondérante en Europe, où elle s'est imposée en Espagne et dans le monde méditerranéen dès le VIIIe siècle. Elle a ensuite pénétré les pays de l'Est au XIVe siècle et a poursuivi sa progression jusque dans les steppes du Nord.

Plus récemment, la présence de populations musulmanes en Europe est liée aux Trente glorieuses et à des vagues migratoires successives provenant des anciens territoires colonisés dès les années soixante (Afrique, Asie, Caraïbes). Avec l'arrêt officiel de l'immigration de main-d'œuvre en 1974, le processus d'enracinement de ces populations devient selon la sociologue Jocelyne Cesari irréversible, étant lié à l'intensification des politiques de regroupement familial. L'islam désormais implanté en Europe est visible à travers la pratique de ses fidèles, et cette présence suscite des interrogations et des craintes. L'histoire (croisades, époque coloniale) contribue à forger une perception négative de l'islam dans certains pays d'Europe, à susciter des tensions, et à façonner le rapport présent de l'islam à l'Occident. En France, le rejet historique de l'obscurantisme, les combats des Lumières, la sécularisation de la société, la défense d'un modèle de laïcité qui tend à confiner la pratique du culte à l'espace privé, expliquent une défiance vis-à-vis de l'islam et de sa pratique qui apparaissent pour certains comme un danger et comme la résurgence de la religion, associée à l'asservissement des individus.

L'ensemble des pays européens compteraient en leur sein une population musulmane. Les estimations varient en fonction des sources. On compterait en 2011, selon le Pew Research Center, 4,1 millions de musulmans en Allemagne, 4,7 millions en France, 1,5 million en Italie, 2,8 millions au Royaume-Uni, 1 million en Espagne, environ 900 000 aux Pays-Bas et 600 000 en Belgique. Du fait de la confluence de plusieurs tendances démographiques, 15 millions de personnes nées dans un pays musulman ou dont les parents ou grands-parents sont nés dans un pays musulman, vivent en Europe occidentale, c'est-à-dire sur le territoire qui s'étend de la Sicile à la Pologne et de l'Irlande à Berlin. Ce chiffre est bien plus élevé que celui qui concerne l'Europe slave ou les Balkans (neuf millions) et qui résulte de l'installation de populations musulmanes associées à l'Empire ottoman (Dasseto, 2007).

Il est difficile de rendre compte de la diversité des situations et de l'hétérogénéité qui caractérisent la présence musulmane en Europe (origines géographiques, ethniques, courants de pensée, degré de pratique de la foi, poids des cultures, des traditions). Dans les faits, l'islam vécu au quotidien s'inspire, d'un côté, de l'islam et de la culture du pays d'origine et, de l'autre, est conditionné par les spécificités du contexte propre à chaque pays. Mais une tendance à l'enracinement est clairement perceptible, notamment chez les jeunes générations qui cherchent à se démarquer, d'un modèle importé, d'une compréhension et d'une pratique de l'islam en décalage avec les réalités du contexte culturel de leur pays.

D'un pays à l'autre, les différences sont notables : implication politique et citoyenne, hauteur des financements publics, structures représentatives. En France et ailleurs, beaucoup reste à faire pour que la reconnaissance des droits des citoyens de confession musulmane soit à la hauteur du poids qu'ils représentent dans la société civile. L'équation que composent spécificités confessionnelles, ethniques et culturelles d'un côté, et revendications identitaires, sociales, économiques et politiques de l'autre, se pose en termes de reconnaissance et de revendication d'une citoyenneté pleine et entière. L'islam en Europe s'inscrit dans la plupart des pays dans l'esprit des démocraties laïques qui institue le « vivre ensemble » comme norme sociale parant aux tentations du communautarisme et des phénomènes de marginalisation. Il invite pour cela à une expression libre et ouverte des convictions et des aspirations de chacun, autant sur le plan individuel que dans les différentes sphères de la vie publique, dans le respect et l'acceptation de l'autre. En Europe de l'Ouest, c'est en France, bastion historique et idéologique de la laïcité, où l'islam représente la deuxième religion, qu'on retrouve la plus importante concentration de musulmans. *The Wall Street Journal* a avancé le chiffre de 8 % de la population française. Elle se compose à 70 % de citoyens originaires des anciennes colonies d'Afrique du Nord (Insee, 2004). La concentration de populations musulmanes dans les banlieues défavorisées est la conséquence d'une exclusion à la fois spatiale, sociale et économique. La question du rapport de l'islam à la laïcité, à travers notamment la retentissante « affaire du foulard » à l'école et dans les lieux publics, ainsi que l'embrasement récurrent des banlieues dites sensibles (perçu comme un cri de revendication de jeunes déshérités, invariablement qualifiés d' « issus de l'immigration »), prennent en France une ampleur toute particulière. Ces phénomènes sont les symptômes d'un malaise, d'une évolution socioculturelle et religieuse au sein même de la cité, « perturbant » l'ordre public, que la patrie, berceau de la laïcité, n'a pas su ou ne veut pas regarder en face [32].

En Allemagne résident selon certaines estimations, plus de quatre millions de citoyens musulmans, notamment d'origine turque. Longtemps, ces ressortissants très attachés à leur pays d'origine ont été assimilés à de simples travailleurs immigrés et jusqu'aujourd'hui encore, les musulmans sont victimes de comportements xénophobes chroniques, même si les autorités

32. Khermimoun, 2011.

commencent à agir et prennent conscience de la gravité du problème. Les relations qui lient le Royaume-Uni aux musulmans remontent, elles, au Moyen Âge. Notons d'emblée qu'après le 11 septembre 2001, la perception des musulmans a sensiblement évolué dans ce pays ainsi que le comportement de leurs concitoyens à leur égard. C'est à partir des années 1960 que l'on constate l'arrivée massive de populations venues pour y travailler. Elles sont, pour la majorité, originaires d'Asie et d'Afrique orientale, issues des anciennes colonies britanniques. Aujourd'hui, la moitié des ressortissants de confession musulmane vivant au Royaume-Uni y sont nés. Les statistiques mettent aussi en évidence la forte proportion de chômeurs, de personnes sous-qualifiées et la faible part de propriétaires au sein de cette population. Les autorités ont toutefois eu la sagesse d'instituer le principe de reconnaissance et de libre expression de toutes les cultures au sein de la société. C'est dans ce sens que le gouvernement prône ouvertement dans sa politique le multiculturalisme.

Dans différents pays européens, comme en France ou en Allemagne, on assiste à une évolution du paysage confessionnel, ethnique et démographique. Cette réalité suscite dans certains cas des interrogations sur la place de l'islam au sein de la société, et notamment, sur sa visibilité dans l'espace public [33].

L'implantation de l'islam et son intégration dans le paysage européen dépendent de facteurs multiples et varient d'un pays à l'autre (histoire coloniale, flux et politiques migratoires,

33. Khermimoun, 2011.

conception de la nation, modèle culturel, rapport de l'État à la religion, place et statut de la religion dans la sphère publique). «*Aux Pays-Bas et en Grande-Bretagne, la tradition politique est de respecter les identités particulières et de reconnaître les communautés dans l'espace public, ce n'est pas le cas en France, où prévaut une conception de la nation fondée sur l'allégeance des individus-citoyens à l'État*»[34].

La séparation des Églises et de l'État et la liberté d'exercice des cultes sont instituées dans les différents États européens, mais la religion bénéficie d'un statut différent d'un pays à l'autre : «*À la laïcité française, aux prises avec une "affaire des foulards" riche en rebondissements, s'oppose la conception allemande où les religions sont prises en compte par la loi, tandis qu'en Angleterre, où la reine est le chef de l'Église anglicane, l'islam pénètre dans les écoles*»[35].

Jocelyne Cesari rappelle que les conceptions de la nation influent sur les modes d'acquisition de la nationalité, sur les politiques menées en direction des immigrés, mais aussi sur le statut accordé aux religions dans l'espace public. Au départ, la présence de populations immigrées dans les pays d'Europe était davantage perçue comme un phénomène temporaire. Leur implantation durable en Europe, liée notamment à des raisons économiques, a changé la donne : «*Ainsi l'Allemagne a vu dans les immigrés des Gastarbeiter, c'est-à-dire des "travailleurs hôtes" venus provisoirement dans le cadre de la migration de main-d'œuvre, pour lesquels l'acquisition de la nationalité allemande est très difficile, ce qui a conduit à l'auto-organisation de l'islam à l'intérieur de structures le plus souvent*

34. Cesari, 1995.
35. Cesari, 1995.

étroitement liées aux pays d'origine »[36]. Aujourd'hui, en Allemagne, par la naissance, un enfant obtient automatiquement la nationalité allemande, dans le cas où la mère ou le père possède la nationalité allemande. Les règles en matière d'acquisition de la nationalité sont strictes. Un étranger doit aujourd'hui avoir vécu huit années sur le sol national pour pouvoir demander sa naturalisation. Un étranger marié à un(e) Allemand(e) pourra effectuer une demande s'il est marié depuis deux ans et qu'il justifie de trois ans de présence sur le territoire national. À l'instar de ce qui se fait en Allemagne et en Espagne, aux Pays-Bas, l'acquisition de la nationalité néerlandaise nécessite la renonciation à sa nationalité d'origine. En France, le droit du sang concerne l'enfant dont l'un des parents au moins est Français au moment de sa naissance. Le droit du sol concerne l'enfant né en France dont l'un des parents y est lui-même né. En France, le droit du sol est relatif. Le fait d'être né en France ne conduit pas à l'acquisition de la nationalité française pour l'enfant né de parents étrangers ou inconnus. Tout enfant né en France de parents étrangers obtient la nationalité française à sa majorité s'il justifie d'avoir résidé au moins cinq ans en France à partir de l'âge de 11 ans. Aussi, la nationalité française peut être demandée au nom de l'enfant mineur né en France de parents étrangers à partir de l'âge de 13 ans avec son accord.

De par leur nombre et de par leurs spécificités, les citoyens européens de confession musulmane revendiquent le droit à l'expression de leur foi dans des pays où ils sont désormais

36. Cesari, 1995.

implantés depuis plusieurs générations. Le passage d'une présence temporaire à une présence durable est notamment marqué par cette revendication et aussi par le regroupement de familles entières sur le territoire européen dès les années soixante et soixante-dix, par la construction de lieux de culte, l'ouverture d'écoles, la création d'associations et de centres islamiques.

Selon Jack Goody, la carte religieuse du continent a ainsi radicalement changé. Les mosquées font partie de l'architecture des grandes villes européennes. Les citoyens musulmans cherchent très tôt à préserver leur identité spirituelle dans un environnement culturel que nombre d'entre eux considèrent au départ comme étant hostile.

Les enjeux auxquels font face aujourd'hui les citoyens de confession musulmane en Europe sont multiples et de natures diverses : adhésion et appartenance à la nation, convergence des identités spirituelle et culturelle, organisation et représentativité de l'islam et des musulmans, émergence d'un leadership, d'une compréhension et d'une pratique de l'islam en phase avec le contexte européen, éducation et enseignement de l'islam notamment dans les écoles, financement de la construction des lieux de culte, pratique du culte dans le monde du travail, expression de la foi dans l'espace public, islamophobie, questions d'alimentation, etc. Nous nous intéresserons ici à certains d'entre eux. Les problématiques et les priorités sont sensiblement différentes d'un pays à l'autre de l'Europe.

Préserver l'identité spirituelle et culturelle

Les citoyens musulmans d'Europe ont, dès le départ, cherché à s'organiser afin de préserver leur identité spirituelle et culturelle à travers l'édification de lieux de culte, la création d'associations. L'identité musulmane apparaît, selon Jocelyne Cesari, « *comme une dimension majeure de la sédentarisation, et c'est autour de cette "visibilité" de l'islam que se cristallisent les interrogations, les doutes et les oppositions, parfois violentes, concernant l'intégration de ces nouveaux venus dans les diverses collectivités nationales* » [37].

D'un point de vue éducatif, la priorité résidait pour les populations immigrées dans la volonté de transmettre à leurs descendants les préceptes de l'Islam et de préserver à travers eux la culture de leur pays d'origine. La question de la qualité de l'encadrement et des enseignements n'est pas apparue au départ comme une priorité.

Le rapport des autorités et des institutions laïques avec l'enseignement des religions, en particulier avec l'Islam, varie d'un pays à l'autre. Si au Royaume-Uni, l'ancrage dans le paysage de l'école musulmane est révélateur d'un modèle de société qui institue le communautarisme, en France, les quelques projets constatés qui vont dans ce sens prennent difficilement pied, car confrontés tôt ou tard à divers obstacles (financiers, administratifs, juridiques). De par l'histoire particulière de ce pays, en France, les faits religieux ne font l'objet d'aucun enseignement spécifique. Dans les écoles

37. Cesari, 1995.

belges et ailleurs en Europe, l'enseignement de l'islam trouve sa place dans les programmes scolaires qui intègrent l'étude des religions. Les établissements d'État permettent un choix entre cours de religion et cours de morale non confessionnelle. En Allemagne, selon la Loi fondamentale, la religion fait partie des matières ordinaires d'enseignement dans l'école publique [38]. «*Miroir de la société, l'école est directement concernée par la question de la place de la religion dans la sphère publique.*» [39]

La présence et le port de signes religieux au sein de l'enceinte scolaire, mais aussi la place à accorder à l'enseignement de la religion, et en particulier celui de l'islam, suscitent débats et controverses. «*D'aucuns diront que ces questions sont marginales au regard des enjeux majeurs d'équité et d'efficacité auxquels les systèmes publics d'éducation sont aujourd'hui confrontés dans des contextes de restrictions budgétaires importantes. Elles prennent une tout autre signification si on se situe dans l'optique plus large de la formation de citoyens appelés à vivre et travailler ensemble dans des sociétés toujours plus multiculturelles, et de la religion comme fait culturel et domaine de connaissance incontournables.*» [40]

Pour Luce Pépin : « *l'ignorance et l'inculture d'une manière générale coupent les jeunes de leurs propres racines. Elles rendent l'acquisition de certains savoirs plus difficiles et, surtout, elles font le lit de l'intolérance et des préjugés. Un enseignement relatif aux religions et aux autres convictions, clairement inscrit dans l'objectif plus large d'éducation interculturelle et*

38. Pépin, 2009.
39. Pépin, 2009.
40. Pépin, 2009.

à la citoyenneté des jeunes, contribuerait à renverser cette tendance. Or, les approches mises en œuvre en Europe en matière d'enseignement relatif aux religions dans l'école publique ont encore du chemin à faire pour relever un tel défi. Elles sont très diverses et restent profondément ancrées dans l'histoire et le contexte de chaque État». Elle souligne que cet enseignement peut être confessionnel, non confessionnel, obligatoire ou facultatif, avec ou sans matière alternative. Il peut être aussi un enseignement du «fait religieux» intégré aux matières existantes. Il peut être assuré par les différentes confessions, par l'État ou par une coopération entre l'Église et l'État. Les situations ne sont toutefois pas figées selon elle.

Visibilité, perception de l'islam et des musulmans et cohésion de la nation

La pratique de l'islam et son expression dans l'espace public sont source d'interrogations et de débats (islamophobie, repas halal dans les écoles, port de signes religieux, architecture des mosquées, prières de rue, etc.). Durant ces deux dernières décennies, les questions concernant les communautés musulmanes en Europe ont tenu une place importante au sein de l'opinion publique européenne et auprès des chercheurs[41].

Il est difficile de dire aujourd'hui quelle part les pratiquants représentent par rapport à l'ensemble des musulmans vivant en Europe. Une partie seulement pratique activement la religion et, en l'état actuel des choses, rien ne nous permet de dire

41. Nielsen, 2011.

que cette proportion augmentera ou non [42]. Quoi qu'il en soit, certains citoyens européens de confession musulmane [43] affirment ouvertement leur identité spirituelle, contrairement aux générations précédentes. C'est un fait.

Les musulmans sont devenus de plus en plus visibles en Europe, et ce phénomène a connu un rythme similaire dans tout le continent [44]. Cette visibilité a des conséquences d'un point de vue social et des relations humaines. Pour Frédéric Sarter, « *les métaphores guerrières ou militaires abondent dans la littérature islamophobe, et constituent d'ailleurs une passerelle avec les courants de l'extrême droite classique, notamment en France la mouvance identitaire. Il ne faudrait pas*, selon lui, *sous-estimer le phénomène* ». Pour lui, « *le danger principal de ces discours réside davantage dans la façon dont ils polarisent et radicalisent une partie de l'opinion publique, et fonctionnent de fait comme une prophétie autoréalisatrice : en affirmant d'emblée qu'il est impossible d'intégrer l'islam à l'Europe, ils rendent plus difficile et plus heurtée l'intégration des musulmans* ».

Dans son analyse du rapport de l'islam à l'Occident, Alain Touraine souligne le fait que l'assimilation de l'islam, par une frange des Occidentaux, au « monde extérieur », « inférieur » et « agressif », contraste avec le constat d'une présence musulmane massive, notamment dans les sociétés européennes, qui se manifeste par une pratique de plus en plus fréquente des rites. Il affirme, comme d'autres penseurs contemporains, que

42. Dasseto, 2007.
43. Que ce soit ceux dont les ascendants sont musulmans ou ceux, « convertis », dont les ascendants sont français depuis plusieurs générations.
44. Dasseto, 2007.

l'islam européen peut jouer *« un rôle dynamique et modernisateur à l'intérieur du monde islamique dans son ensemble »*. Il estime aussi que, parallèlement, cette présence *« fait réapparaître le fonds religieux des sociétés européennes où la foi comme pratique institutionnelle est en recul rapide et où les catholiques en particulier ne suivent plus les positions de l'Église, par exemple en ce qui concerne l'interruption volontaire de grossesse, la fécondité artificielle, la recherche sur les cellules souches ou l'euthanasie »*. Et de poursuivre : *« contre l'image dangereuse erronée qui a identifié modernité et déclin des religions, on voit se renforcer non pas des institutions religieuses, presque partout en recul, mais des demandes de spiritualité et de réflexion sur le sens de la vie, ainsi que des communautés de croyants »* [45]. Pour le sociologue, il est urgent de reconnaître l'altérité des populations musulmanes, non pas dans le sens de la confrontation, mais dans une optique de rapprochement, comme une sorte d'antichoc parant à l'hostilité croissante entre les communautés et les appartenances.

Amin Maalouf cherche à démontrer à travers son œuvre qu'il est possible de surmonter des clivages puissants par une dimension humaine qui transcenderait les hostilités d'ordre religieux, politique et culturel.

Hélé Béji répond en ces termes à la question « l'islam est-il soluble dans la République ? » : *« À l'époque, il s'agissait de civiliser celui que l'on ne réussissait pas à considérer, de par sa race, comme étant un de nos semblables. Le problème est aujourd'hui inchangé, le mot "race" ayant simplement fait place au mot "culture" »* [46].

45. Touraine, 2007.
46. Béji, 1999.

Certains ont proclamé la fin de la nation, comme Jean-Marie Guéhenno dans son ouvrage intitulé *La fin de la démocratie*. Les États-nations s'enracinent dans la conscience et la reconnaissance collectives d'une identité historique, culturelle, linguistique et territoriale. L'idée de nation est violemment confrontée aux tentations et revendications régionalistes, communautaires ou xénophobes qui se manifestent avec une plus ou moins grande intensité selon les pays [47].

Pour Anne-Marie Thiesse, le principe national a profondément marqué les actuelles sociétés européennes, pour le meilleur et pour le pire [48]. La sauvegarde et le devenir de la nation sont des enjeux cruciaux pour les démocraties modernes. La présence de l'islam en Occident poserait problème d'autant plus qu'il « *semble y avoir là, pour beaucoup de nos concitoyens, une interrogation sincère, qui se décline, de façon tantôt explicite, tantôt implicite, dans toute une série de controverses récentes et d'*"éléments de langage" *repris par la presse ou le discours politique, qu'il s'agisse de l'identité nationale, de la citoyenneté, de la double nationalité, du vivre-ensemble, de l'immigration et de l'assimilation, de la laïcité et du "foulard islamique" (sinon de la fameuse burqa), ou encore du terrorisme et de la "radicalisation". Certains de ces thèmes résonnent plus spécifiquement dans le cadre français, d'autres trouvent leur écho à l'échelle du continent, et à vrai dire ils connaissent, dans leur continuité, leur durée ou leur intensité, des fortunes diverses* » [49].

47. Guéhenno, 1993.
48. Thiesse, 2008.
49. Sarter, 2012.

Frédéric Sarter souligne le caractère souvent éphémère des affaires ou des concepts sur lesquels se cristallisent régulièrement les débats. Pour lui, ils expriment une sorte d'angoisse diffuse, permanente, face à cette altérité que semblent représenter, pour nombre de citoyens européens, l'islam et les musulmans. Il estime que cette angoisse a été accentuée par les attentats du 11 septembre aux États-Unis, puis par ceux de Madrid et de Londres, qui ont porté selon lui la « guerre contre le terrorisme » au cœur même de l'Europe. Il rappelle que cela transparaissait déjà dans les années 1990, notamment en France, dès les premières affaires dites du « foulard islamique », à travers lesquelles se posait la question de l'islam face à la laïcité dans la sphère scolaire [50].

Nation, identité spirituelle, identité culturelle

On constate chez une bonne part des musulmans ayant grandi en Europe, et attachés à la pratique de leur foi, une incapacité à s'autodéfinir, à faire la part des choses entre leur identité spirituelle, leur identité culturelle et leurs origines. Cette fracture génère chez eux une sorte de déchirement de leur personnalité. Certains peineront par exemple à faire la part, d'un côté, entre culture de leurs ascendants, que ceux-ci tentent de préserver à travers leur descendance, et de l'autre, convictions et pratiques liées à l'islam.

Le rejet en bloc de la culture occidentale et la volonté d'adhérer à un modèle qui s'en distingue sont révélateurs d'une

50. Sarter, 2012.

volonté chez certains d'affirmer leur différence sans pour autant déroger à l'idée de nation, ce qui relève de l'exploit, car la culture contribue à consolider le sentiment d'appartenance nationale, c'est même une composante essentielle qui forge l'idée de nation [51]. Tant qu'il n'existe pas un socle, un modèle culturel fort, qui rassemble les populations déjà présentes sur le continent, auquel chaque citoyen européen accepterait d'adhérer, la venue de nouvelles populations a tendance à compliquer la donne. En intégrant des héritages divers dans le creuset qui fonde l'identité d'un pays, cela participe à forger des racines communes et à façonner une histoire partagée et une identité culturelle collective. L'individu partagé entre plusieurs cultures, entre plusieurs racines, s'expose au risque d'être toujours en quête de sa propre identité, de vivre un perpétuel déracinement, un perpétuel déchirement.

Certains considèrent la « double culture », chez des individus ayant grandi dans un pays, comme une richesse. Mais dans les faits, nombre de citoyens européens de confession musulmane vivent une sorte de déchirement entre la culture de leurs ascendants et ce qui est propre à la culture de leur pays. Une part des citoyens musulmans nés en Europe ne se reconnaissent pas dans l'identité culturelle de leur pays. Ils sont partagés entre deux cultures : celle de leur pays et celle du pays de leurs ascendants. Ce non-choix les empêche de se construire, de se définir clairement au sein de la société et de se démarquer d'une perception de l'autre qui les enferme dans une identité

51. Khermimoun, 2014.

qui n'est pas la leur, une identité qui découle d'une culture importée, celle de populations ayant vécu à l'étranger. Cet attachement les conduit à interpréter l'islam et à le vivre sans prendre en compte les réalités de leur contexte. Tant que les citoyens européens de confession musulmane ne feront pas le choix explicite de se reconnaître dans l'identité de leur pays en y adhérant avec force et en participant activement à sa formation, ils ne pourront définir leur rôle dans une société qui aujourd'hui peine encore à les percevoir comme des citoyens à part entière de la nation.

L'identité des différentes nations européennes n'a cessé d'évoluer, de se renouveler, et chacun a apporté sa pierre à l'édifice en allant dans le sens d'un enrichissement, d'un renforcement, du patrimoine commun, des valeurs qui rassemblent l'ensemble des citoyens. Chaque région du globe à ses traditions vestimentaires, et tant que celles-ci ne portent pas atteinte aux convictions de chacun, il est normal qu'une personne ayant grandi dans un pays occidental, s'habille à l'occidentale, qu'elle soit croyante ou non, pratiquante ou non. Une part des citoyens européens de confession musulmane s'habillent dans la sphère publique en calquant leur modèle vestimentaire sur celui des pays du Maghreb, du Moyen-Orient ou d'Asie (djellaba, burnous, kamis, etc.). Pour eux, cela les rapprocherait davantage de la foi authentique. On constate une tendance similaire dans l'architecture et la décoration des lieux de culte qui s'explique par l'empreinte des cultures importées lors des différentes vagues migratoires de populations musulmanes en Europe. Le citoyen de confession musulmane, en Occident, irait ainsi à l'encontre de ses convictions en s'habillant en jean et en baskets ou en portant un costume, en allant étudier, travailler ou faire ses courses. Que ce soit dans le choix de l'aspect extérieur des mosquées ou dans celui du revêtement des sols ou de l'ornement des murs, ces populations attachées à leur pays d'origine ont cherché quelque part à retranscrire au sein des lieux de culte, l'environnement qui était le leur en Algérie, en Turquie ou en Inde.

La question de la visibilité des lieux de culte dans notre espace public, de leur aspect extérieur, a été soulevée en Europe à travers la polémique née autour de la construction de minarets. Cette question revêt une dimension symbolique qu'une partie des responsables politiques et des médias abordent de manière à éveiller tensions et fantasmes au sein de la société civile. L'architecture extérieure des lieux de culte devrait être tout particulièrement pensée afin de permettre une insertion, dans le paysage urbain, qui crée de la continuité, non pas de la rupture. À travers cette question, comme à travers celle du port du voile ou de l'existence d'une filière de la viande halal, c'est à chaque fois la question de la visibilité de l'islam et sa place dans l'espace public qui est posée.

Aujourd'hui, les projets de mosquées font localement l'objet de compromis entre les citoyens de confession musulmane et les municipalités, et généralement, les choses se concrétisent sans remous ni accrochages. Il suffit d'observer la diversité architecturale des lieux de culte musulmans à travers le monde, de Kairouan à Ispahan, en passant par Cordoue, pour se rendre compte que l'islam, la foi musulmane, incite à la diversité, à la créativité et à l'innovation dans les domaines de l'architecture et de l'art. L'islam considère que l'homme doit aspirer à tout ce qui est beau, à l'image de Dieu. Ces édifices cultuels et culturels jouent un rôle éducatif et social. Très souvent, du fait de la conception actuelle de ces lieux de culte, le rayonnement de l'islam reste confiné entre les murs de la mosquée. Il est important de redéfinir en Europe le rôle de la mosquée et de sortir d'une logique qui se focalise sur l'aspect extérieur de l'édifice. Certes, ces lieux jouent un rôle éducatif et permettent aux musulmans de vivre leur spiritualité au quotidien. Ils doivent en outre participer au rayonnement de l'islam dans toutes ses dimensions. Aujourd'hui, les citoyens musulmans cherchent à s'investir dans la cité pour donner corps à la dimension sociale, culturelle, artistique, universelle de leur message. La mosquée est ainsi de plus en plus conçue comme un espace d'échange, de dialogue, d'ouverture sur la société, qui ne confine pas l'islam entre les murs de son enceinte [52].

L'émergence d'un islam européen, enraciné dans la culture de ce continent, pensé par des citoyens de confession musulmane capables de faire converger les spécificités de leur foi avec les réalités du terrain est une priorité. D'un point de vue sociodémographique, l'islam en Europe, dans nombre de pays, est majoritairement représenté par des musulmans nés dans ce pays et il s'inscrit désormais de manière durable sur le territoire. Il constitue une composante de l'identité

52. Khermimoun, 2014.

européenne et ne pas accepter cela reviendrait à favoriser un islam de repli. Les Européens de confession musulmane auront, au fil du temps, de moins en moins d'attaches avec le pays de leurs prédécesseurs et n'auront d'autre alternative que de se tourner vers leur véritable patrie et de se projeter résolument vers l'avenir en participant à l'émergence d'un islam dont les aspirations sont clairement en phase avec les réalités et les spécificités de son environnement. Bon nombre de citoyens européens de confession musulmane se sont déjà engagés sur cette voie, mais beaucoup reste à faire [53].

Le défi consiste pour un pays comme la France et pour nombre de pays européens à préserver et consolider un socle identitaire fort, qui est en même temps suffisamment souple pour permettre d'intégrer en son sein la diversité ethnique et culturelle née de choix historiques, des exigences du développement économique et de la mondialisation. Le risque de dérive communautariste est bien réel en France comme dans d'autres pays européens. La diversité des composantes de notre nation (origines ethniques et géographiques, conditions sociales, croyances) doit être consolidée par un sentiment fort d'appartenance à un même corps. Un réel problème se pose à la nation en termes de cohésion si je suis Français, Italien ou Allemand, mais me sens d'abord originaire d'Inde, du Sénégal ou d'Algérie, avant de me sentir appartenir au pays dans lequel j'ai grandi. L'Européen qui a grandi dans l'un des pays de ce continent entretient naturellement des liens affectifs avec le

53. Khermimoun, 2014.

pays de ses ascendants sans toutefois le considérer comme sa terre natale. Au-delà de mentalités façonnées au contact d'une même culture, d'un état d'esprit partagé, de vécus enracinés dans un même territoire, de la distance qui les sépare des terres dont sont originaires leurs ascendants, ce sont des codes propres à leur environnement qui font que ces citoyens sont européens et se considèrent comme tels. Certains ont fait le choix du rejet d'une part de leur propre identité en adoptant une identité de substitution, rattachée à un ailleurs auquel ils ne pourront jamais véritablement s'intégrer culturellement. Ils légitiment ce rejet de leur propre identité par l'intolérance que suscite en Europe leur appartenance de foi. Même si une part d'immigrés a fait le choix d'un retour au pays, nombre d'entre eux se sont installés en Europe et les générations qui y sont nées se sentent naturellement appartenir à leur nation et se construisent à partir de ses réalités. « *Certains estiment qu'il existerait un problème particulier en rapport à la présence de l'islam dans nos sociétés, notamment dans certains secteurs de ville où se concentrent des populations musulmanes. Nombre d'a priori subsistent sur cette religion, notamment du fait de l'histoire, de l'interprétation qu'en ont fait certains intellectuels occidentaux, notamment certains orientalistes français, britanniques ou italiens* » [54].

Les citoyens de confession musulmane font face dans certains pays européens à une attitude de défiance persistante vis-à-vis d'eux. Cela les conduit, du fait de leur appartenance à l'islam, à devoir faire sans cesse la preuve de leur attachement à la nation.

54. Khermimoun, 2014.

Ceci parce que l'islam est le dernier des monothéismes à s'être implanté en Europe, et que sa présence en Occident au Moyen Âge, qui appartient au passé, marque encore profondément certains esprits qui refusent de tourner cette page de l'histoire et de porter leur regard vers l'avenir. Nombre de Français de confession musulmane se sentent, de par cette attitude, rejetés au sein même de leur nation, ils peinent à s'engager sur une voie qui leur permettrait de vivre leur foi en harmonie avec la culture de leur pays. Ce contexte a poussé nombre d'entre eux à considérer cette culture, qu'on leur demande d'accepter en bloc, comme un mal, car perçue, en soi, à la fois comme une cause de rejet de leur identité musulmane et comme un obstacle à l'expression de leur foi. Cependant, cela ne doit pas les pousser à renoncer au devoir qui leur incombe de faire l'effort de comprendre et de vivre leur foi à la lumière de leur environnement, en prenant en compte les spécificités de leur culture. L'islam, intrinsèquement, implique en tout lieu ce travail de contextualisation, d'« acclimatation » qui s'inscrit dans la continuité et dans le temps. Ce qui apparaît, c'est que l'islam véhiculé par les premières générations d'immigrés s'estompe aujourd'hui pour laisser place à un islam sédentarisé, enraciné dans son contexte. Que ce soit chez les Européens de confession musulmane, d'ascendance européenne depuis des générations ou chez certains Européens dont les parents ou les grands-parents sont venus de l'étranger, on sent une volonté de se démarquer, à travers le parler, le vestimentaire, les références intellectuelles et culturelles adoptées, d'une culture occidentale jugée néfaste dans son ensemble, en discordance avec leurs convictions. Certains marqueront leurs premiers pas dans l'islam en substituant à leur prénom de naissance un prénom arabe, le Coran ayant été révélé en arabe, le message de l'islam ayant été initialement diffusé en arabe. D'autres se considéreront, malgré leur vécu en France, d'abord comme Algériens, Turcs ou Indiens. Se référer aux pays du monde musulman révèle un certain complexe chez ces musulmans par rapport à un islam qu'ils idéalisent ou du moins qu'ils estiment pouvoir leur permettre d'être en accord avec les préceptes de l'islam. En se rattachant à un ailleurs qu'ils considèrent plus proche de la source, en se construisant une sorte de « refuge identitaire », ils cherchent quelque part à étouffer une part de leur identité qui serait inconciliable avec leur identité musulmane [55]. L'islam ne prône pas l'assujettissement des individus à une identité culturelle unique et uniforme, ni le rejet de sa propre culture tant que celle-ci ne s'oppose pas aux convictions profondes de l'être.

Léo Hamon rappelle que le droit à la différence, dans le cadre d'une nation, s'arrête là où pourrait s'estomper la réalité « communauté ». Si pour lui tout homme, dans les sociétés modernes, a des appartenances diverses (religieuse, philosophique, professionnelle, culturelle, nationale), il ne peut y avoir qu'un seul État sur une terre donnée et qu'une seule appartenance nationale pour un seul homme. D'où la nécessité de choisir que souligne Fernand Braudel. « *Que ce soit chez les Français de confession musulmane nés en France, qui ont des*

55. Khermimoun, 2014.

ascendants venus de l'étranger ou que ce soit chez ceux, Français, dont les ascendants sont français depuis des générations, il existe une tendance à amalgamer d'un côté l'islam en tant que spiritualité, cheminement, et de l'autre, les pratiques culturelles, perçues par bon nombre de musulmans et de non-musulmans comme faisant partie intégrante de l'islam. Ils cherchent quelque part à se détacher de leur propre culture, ayant ainsi la conviction d'être plus proches du modèle originel. L'islam n'a pas vocation à dénaturer culturellement les individus, mais plutôt à leur conférer une raison d'être» [56]. Dans le subconscient de nombre de gens, l'islam est synonyme de langue arabe, de monde arabo-musulman. En réalité, même s'il est vrai que l'accès à la langue arabe permet de saisir, d'appréhender les subtilités et la profondeur du message coranique révélé initialement dans cette langue, celui-ci se veut d'abord accessible à tous et universel. C'est un appel du divin qui transcende les canaux linguistiques, des cultures. Il communique avec les êtres, touche leur sensibilité profonde. Les langues et les dialectes locaux font la richesse d'un territoire et intègrent son patrimoine génétique. Les cultures font partie du livre du monde, et l'islam a cherché à les magnifier, à s'en imprégner tout en les enrichissant, ce qui a fait naître différentes manières de vivre l'islam à travers le monde tout en permettant aux populations musulmanes de rester fidèles à son esprit. Pour qu'émerge un islam européen, en phase avec les réalités et les spécificités de ce continent, il faudra que les musulmans prennent conscience de ce qui les unit à leurs concitoyens, à commencer par l'attachement à une même langue, à un vécu sur un même territoire. Les

56. Khermimoun, 2014.

Européens de confession musulmane partagent les mêmes préoccupations que le commun de leurs concitoyens, même si leur appartenance de foi les conduit à mener des combats qui leur sont propres afin que leurs spécificités et leurs idées soient respectées. Aujourd'hui, ce qui paraît urgent pour une part importante des citoyens européens de confession musulmane, c'est de se retrouver dans une identité dont ils sont les artisans et qui va dans le sens d'une construction autochtone, c'est-à-dire qui prend ses racines en Occident, comme en Albanie ou en Bosnie.

Enracinement des populations musulmanes et institutionnalisation de l'islam

Les musulmans ont engagé en Europe un processus d'enracinement qui est loin d'être achevé. Toujours est-il que les fondements de l'islam européen sont bien visibles. Au-delà des nombreuses différences nationales et de l'histoire européenne, au-delà de la diversité des traditions et du sentiment national qui ont influencé les diverses manières dont les États européens ont abordé l'expansion et l'établissement de la communauté musulmane européenne, les problèmes communs ont été identifiés et débattus (Dasseto, 2007).

Pour certains chercheurs, les musulmans se distinguent des précédentes populations de migrants. Fernand Braudel estime que les vagues migratoires issues de pays européens proches culturellement de la France n'ont pas posé de problème [57]. Concernant l'islam, il parle de « problème culturel », qu'il estime être le seul réel, le seul inquiétant. Ces populations (de Portugais, d'Italiens, d'Espagnols et de Grecs) avaient accepté leur invisibilité publique, leur assimilation individuelle dans l'espace public, tout en préservant leur culture d'origine chez eux et au sein de leur communauté ethnique [58]. À l'inverse, les musulmans, dans certaines sociétés européennes, affirment différemment leur présence, leur « intégration », en faisant le choix du repli communautaire. Les problèmes en relation avec les musulmans sont passés des seules questions sociales et culturelles complexes au domaine des questions politiques et philosophiques [59].

Le processus d'institutionnalisation de l'Islam [60] qui relève de la volonté de l'État est confronté à nombre de difficultés à la fois structurelles, aux luttes d'intérêts, aux stratégies d'hégémonie de fédérations nationales, que viennent renforcer des facteurs plus conjoncturels tels que les tensions intercommunautaires, le jeu de l'alternance politique, les comportements islamophobes,

57. Selon Jean Baubérot, l'affirmation estimant que « les vagues migratoires issues de pays européens culturellement proches de la France n'ont pas posé de problème » semble démentie par plusieurs travaux comme Gérard Noiriel, *Le Massacre des Italiens. Aigues-Mortes* 17 août 1893, Paris, Fayard, 2010, et, de façon plus générale, Patrick Weil, *Liberté, Egalité, Discriminations. L'identité nationale au regard de l'histoire*, Paris, Gallimard, 2008. Il estime que les préjugés envers les immigrés sont une constante, qui n'est pas propre à la France.

58. Dasseto, 2007.

59. Dasseto, 2007.

60. Frégosi, 2008.

la surmédiatisation de faits divers dont l'Islam est tenu régulièrement pour responsable (violences dans les cités, actes antisémites, violence scolaire, etc.). Différentes manières de penser la place de l'Islam au sein de la cité et de concevoir les intérêts des citoyens de confession musulmane s'affrontent.

L'institutionnalisation de l'islam dans le cadre de la législation en vigueur varie en fonction des pays et a fait l'objet d'initiatives diverses dans la perspective de conférer aux citoyens musulmans une instance représentative et un interlocuteur à l'État : Conseil français du culte musulman (CFCM), Conseil des musulmans de Grande-Bretagne, Conseil de coordination des musulmans en Allemagne (KRM), Conseil supérieur des musulmans de Belgique (CSMB). Pour Jocelyne Cesari, on peut se demander si les efforts pour organiser l'islam ne traduisent pas, avant tout, l'anxiété d'une culture occidentale tentant d'imposer ses propres critères d'organisation. Elle estime qu'il est important de prendre en compte la manière dont les nouvelles générations nées en Europe vont vivre leur appartenance à l'islam et élaborer des réajustements et des réinterprétations.

En France, la volonté des pouvoirs publics de donner naissance à un organe central représentatif des musulmans, devant en théorie permettre une amélioration des conditions d'exercice de ce culte, cacherait une multitude d'intérêts, d'avantages, de gratifications symboliques ou matériels dont chacune des parties en présence espérerait pouvoir profiter à plus ou moins long terme [61]. Pour Franck Frégosi, les différentes composantes musulmanes ayant adhéré à ce processus chercheront indéniablement à asseoir de manière durable leur autorité sur le CFCM, sur ses commissions ou à l'échelle locale, sur les CRCM [62], notamment pour faire prévaloir leur propre vision de l'Islam. Le gouvernement, lui, cherchera selon lui à inscrire dans son palmarès la réussite d'un tel processus et à en tirer profit aussi bien vis-à-vis de ses adversaires politiques que vis-à-vis d'un hypothétique électorat musulman qu'il serait possible de solliciter le moment venu.

Nombre de chercheurs estiment qu'il est nécessaire d'accorder un statut légal à l'islam afin d'apporter des solutions aux questions que pose sa présence en Europe : « *certains problèmes comme la construction de mosquées, une assistance religieuse dans les prisons, les hôpitaux et pendant le service militaire, peuvent être résolus en adoptant des règles bien établies qui s'appliquent déjà à d'autres communautés religieuses* » [63]. L'islam connaît un processus de transformation : il passe d'une religion d'immigrants à une religion intégrée de plein droit dans la réalité européenne. « *Ce processus devrait s'accompagner, d'un point de vue légal, d'actions appropriées permettant aux communautés musulmanes de s'intégrer pleinement dans le modèle européen de relations entre États et religions* » [64].

Les organisations, les mouvances, implantées en Occident, se réclament de courants de pensée de l'islam. Aujourd'hui,

61. Frégosi, 2008.
62. Conseil régional du culte musulman.
63. Dasseto, 2007.
64. Dasseto, 2007.

les choses évoluent et de nouvelles organisations voient le jour. Elles se démarquent des pays musulmans et cherchent à s'adapter au contexte européen.

Les citoyens musulmans sont confrontés à l'absence d'un leadership issu du contexte européen et conscient des enjeux propres à celui-ci : « *en fait, les communautés musulmanes d'Europe devraient être en mesure d'exprimer leurs conceptions intellectuelles et normatives en adoptant une perspective européenne capable de faire face au temps présent, et surtout aux problèmes contemporains auxquels la pensée islamique est confrontée* » [65].

L'émergence d'instituts de formation et de recherche sur l'islam représente dans ce sens un enjeu majeur. Au-delà des formes d'organisation se pose donc la question cruciale et urgente de l'éducation et du leadership intellectuel [66]. Aujourd'hui, « *les jeunes générations qui ont grandi en Europe et qui y ont été éduquées n'assument pas nécessairement, et progressivement, la responsabilité de cette communauté. Pour plusieurs raisons, l'islam européen continue d'être affecté par la dynamique de l'islam mondial, même s'il est porté par des acteurs nés sur le territoire européen* » [67].

Citoyenneté

Les musulmans d'Europe revendiquent leur pleine part de la citoyenneté européenne en devenir : si une faible minorité d'entre eux (musulmans des Balkans, de Grèce ou

65. Dasseto, 2007.
66. Dasseto, 2007.
67. Dasseto, 2007.

de Roumanie, Tatars de Pologne, etc.) peuvent se réclamer de communautés présentes depuis des siècles sur le sol européen, une large proportion de ceux, majoritaires, qui sont issus de courants d'immigration relativement récents, sont toutefois nés en Europe ou ont déjà acquis par naturalisation la citoyenneté de leur pays d'accueil. Citoyens européens de plein droit, leur identité européenne, leur intégration à l'Europe n'en sont pas moins régulièrement questionnées, mises en doute, comme s'ils devaient toujours en donner de nouveaux gages, gages dont l'horizon est d'ailleurs sans cesse déplacé à mesure qu'ils paraissent s'en rapprocher[68]. Si la présence d'un islam autochtone en Europe qui se structure progressivement est un fait, dire qu'il émerge de citoyens se considérant comme pleinement Français, Allemands ou Britanniques, devrait contribuer à apaiser les esprits et à désamorcer les craintes infondées sur les musulmans. Une grande part des Européens de confession musulmane exprime le souhait de concilier convictions intimes et valeurs démocratiques. L'islam considère la spiritualité, la relation à Dieu, comme le socle sur lequel repose l'engagement citoyen : seule l'identité spirituelle a le pouvoir de fédérer l'être tout entier. Celui-ci forme un tout qui associe quête de sens et engagement citoyen. Elle doit en principe se concrétiser par une présence positive dans le monde. Dans cette perspective, l'islam pourrait donc apparaître, non pas comme un corps étranger au sein de nos sociétés, mais comme un vecteur de changement. L'idée de spiritualité en islam implique en soi la notion d'engagement

68. Sarter, 2012.

citoyen, de dévouement pour l'homme, quelles que soient ses appartenances.

La fin du 20e siècle et le début du 21e siècle marquent l'émergence d'une nouvelle génération de musulmans européens. Ces citoyens sont nés en Europe, ils ont été socialisés et éduqués dans les pays de l'Europe de l'Ouest. Malgré le discours sur le communautarisme, il existe de très fortes interactions entre ces générations et la majorité de la société. Par conséquent, leurs préoccupations sont « européennes » [69]. Le débat sur l'islam européen montre que les sujets qui imprègnent l'opinion publique européenne intéressent également les jeunes intellectuels de confession musulmane qui œuvrent à l'émergence d'une identité européenne fidèle à leurs convictions et une identité musulmane en phase avec les valeurs européennes [70].

Islam et laïcité

La présence de l'islam dans des sociétés sécularisées de longue date questionne d'une certaine manière les démocraties européennes sur leur devenir. La grande majorité des musulmans européens réussissent aujourd'hui à vivre les préceptes de la foi dans le respect de l'esprit laïc. Pour Brigitte Krulic, « *la laïcité, gage de l'unité spirituelle nécessaire à la République, s'inscrit dans un universalisme susceptible de surmonter les divisions politiques et les clivages idéologiques (...)* » [71]. Une des questions qui

69. Nielsen, 2011.
70. Nielsen, 2011.
71. Krulic, 2008.

se pose aujourd'hui, c'est de savoir si la laïcité est en mesure d'évoluer sans déroger à ses principes, face à un contexte qui lui aussi est évolutif, notamment en France où l'application de celle-ci fait l'objet de tensions sociales récurrentes et de vifs débats portant notamment sur la place de l'islam. En France, pour faire face à une certaine méconnaissance de l'islam, il serait intéressant d'intégrer l'enseignement des religions dans les programmes scolaires. Le modèle laïque français représente une exception dans ce domaine : « *dans la majorité des pays européens (excepté la France), il existe des cours spécifiques en matière de religion* » [72].

Si l'avenir de nombre de pays européens se joue en partie dans certains secteurs de banlieues de grandes villes, la question de l'islam en Occident, elle, n'est pas uniquement tributaire de l'évolution de la présence musulmane dans ces secteurs urbains ou de la place du sacré dans des espaces laïcisés, mais doit faire l'objet d'une réflexion plus large. La solution serait de faire émerger une « civilisation du vivre ensemble », pour reprendre l'expression de l'historien Andrea Riccardi, qui résiderait dans la capacité de faire vivre ensemble plusieurs mondes différents et de s'y fondre. Il estime qu'un dialogue sans identité n'existe pas et que le dialogue ne doit pas être synonyme de perte d'identité. Selon lui, « *les identités existent bien, les civilisations existent, les cultures existent, les nations existent, les religions ne meurent pas. Le monde n'est pas une grande France, où il y a plus de modernité et moins de religion* » [73]. La laïcité est pour lui

72. Pépin, 2009.
73. Riccardi, 2007.

un modèle de cohabitation qui intéresse une poignée de pays, la France, l'Espagne, l'Italie, le Portugal, et quelques autres encore : « *C'est un modèle intéressant et important, mais je suis convaincu que créer une séparation entre laïcs et croyants n'est pas ce qu'il y a de plus intelligent à faire dans les pays européens, car je crois que nos pays ont besoin du "ressourcement", comme disent les Français, d'aller aux origines, aux sources de leur propre discours religieux* » [74].

La laïcité, dans sa constitution, régit principalement le rapport de l'État à l'Église. Cette focalisation de la laïcité a en quelque sorte restreint sa capacité d'anticipation en même temps que ses perspectives d'ouverture et d'ajustement afin d'embrasser ce qui est nouveau. Pour l'anthropologue Thierry Boissière : « *Depuis quelques années, le débat sur la laïcité en France se concentre sur l'islam. Les affaires récentes du voile islamique, les formes musulmanes de dévotion et de pratiques superficielles, le contenu de prêches de certains imams, la visibilité accrue des musulmans dans l'espace public et la question du statut de la femme ou le financement étranger des lieux de*

74. Jean Baubérot estime que la laïcité n'est pas une exception française. Il existe selon lui divers types de laïcité, dont la laïcité française n'est qu'un exemple particulier, même s'il s'avère important. Il estime que les principes laïques (liberté de conscience ; citoyenneté en dehors de condition religieuse) et ses moyens pour y parvenir (séparation de la religion et de l'État ; neutralité religieuse de l'État) n'ont rien de spécifiquement français mais sont à l'œuvre dans plusieurs pays, même si aucun ne les réalise de façon absolue. En revanche, chaque pays a son histoire propre. Celle de la France est marquée par ce que l'on a appelé le « conflit des deux France » : La France traditionnelle, dite « fille aînée de l'Église » et la France républicaine, issue de la Révolution française. La loi de 1905 a permis selon lui de pacifier progressivement ce conflit, mais il en est resté une méfiance à l'égard de toute dimension politique éventuelle de la religion.

culte sont autant de sujets sensibles alimentant un débat qui, par moment, a pris des tournures particulièrement violentes. L'islam y est souvent présenté comme une religion essentiellement rebelle à la laïcité et à toute forme de sécularisation, voire de démocratie, en tous les cas inadaptée et inadaptable à la société française, laïque et républicaine»[75]. Selon lui, l'islam n'est pas incompatible avec la laïcité française qui, comme il le rappelle, est une spécificité française, résultat d'un long combat de la République contre le cléricalisme catholique. Il suffit de revenir selon lui à l'esprit même de la loi, qui doit constituer un instrument juridique et non une idéologie. Des rapports historiques particuliers, qui ont certainement contribué à la construction d'une certaine conception de la laïcité, particulièrement sensible à des questions telles que le port du voile ou la mixité dans l'espace public, interpellent celle-ci dans sa nature même et dans son devenir.

Orientations bibliographiques

Jean Baubérot, Micheline Milot, *Laïcités sans frontières*, éditions du Seuil, Paris, 2011.

Jean Baubérot, *Les laïcités dans le monde*, PUF, Paris, 5e édit., 2020.

Hélé Béji, «La civilité, culture perdue de l'humain», in *Nous et les autres*, *Les cultures contre le racisme*, n° 10, Actes Sud, Arles, 1999.

Thierry Boissière, «L'islam : les défis de l'adaptation», in *Les religions dans la société*, *Cahiers français*, n° 340, La Documentation française, Paris, 2007.

Fernand Braudel, *L'identité de la France, les hommes et les choses*, éditions Flammarion, Paris, 1990.

Jamel Khermimoun, *Français et musulman*, éditions de l'œuvre, Paris, 2011.

75. Boissière, 2007.

Jamel Khermimoun, *L'identité heureuse*, Coëtquen éditions, Janzé, 2014.

Jocelyne Cesari, *L'islam en Europe*, La Documentation française, Paris, 1995.

Felice Dasseto, Ferrari Silvio, Maréchal Brigitte, *L'islam dans l'Union européenne. Quel enjeu pour l'avenir ?*, Parlement européen, mai 2007.

Franck Frégosi, *Penser l'islam dans la laïcité*, éditions Fayard, Paris, 2008.

Jack Goody, *L'islam en Europe, histoires, échanges, conflits*, éditions La Découverte, Paris, 2004.

Jean-Marie Guéhenno, *La fin de la démocratie*, éditions Flammarion, Paris, 1993.

Brigitte Krulic, « L'universalisme républicain », in *L'identité nationale*, *Cahiers français*, n° 342 La Documentation française, Paris, 2008.

Jorgen S. Nielsen (et *al.*), *Yearbook of Muslims in Europe*, Brill, Leiden, 2011.

Luce Pépin, « L'enseignement relatif aux religions dans les systèmes scolaires européens, tendances et enjeux », Network of European Foundations, Bruxelles, 2009.

Andréa Riccardi, « Le choc des civilisations est-il inévitable ? Réponse napolitaine de sant'egidio », entretien accordé à l'agence Zenit dans le cadre de la rencontre internationale sur le thème : « Pour un monde sans violence, religions et cultures en dialogue », Naples, octobre 2007.

Frédéric Sarter, « Intégrer l'islam à l'Europe ? », Études, 1/2012 (Tome 416), p. 45-56.

Anne-Marie Thiesse, « L'identité nationale : quelles réalités ? », in *L'identité nationale*, *Cahiers français*, n° 342, La Documentation française, Paris, 2008.

Alain Touraine, *Penser autrement*, Fayard, Paris, 2007.

Extrémisme et violence

Une conception restrictive de l'islam

Pour ceux qui prônent une approche rigoriste de l'islam, le savoir apparaît comme un outil et non comme une finalité. Mais quelle définition donne l'islam de la science, maître-mot du discours de ceux qui prônent l'orthodoxie et rejettent en bloc la modernité et les valeurs que porte l'Occident ? Le savoir tel qu'il nous est présenté dans le Coran relève d'abord de la dimension du cœur : « ***Craignez pieusement Dieu et Dieu vous conférera le savoir*** »[76] et n'est pas exclusivement renfermé dans les supports matériels que sont les textes. Selon l'islam, le savoir ne relève de l'intellect que dans la mesure où celui-ci est guidé par la lumière du cœur. Pour nombre de savants de l'islam, le monde musulman traverse une crise profonde depuis que la manière de comprendre et de vivre l'islam a cessé d'être fondée sur un modèle global unissant la volonté du cœur et la raison aux sources scripturaires. Cette mouvance trouve un écho particulier chez de jeunes musulmans nés en Europe qui sont désireux de connaître l'islam, d'autant plus que face à leurs carences, cette approche qui revendique l'héritage des *salafs*, ou pieux prédécesseurs, et de la véritable science, en insistant sur les aspects pratiques du rite, apparaît à leurs yeux comme la voie la plus authentique. Les personnes

76. Sourate **2**, verset 282.

attirées par cette mouvance n'ont pour la plupart qu'une connaissance sommaire de l'islam, n'ayant pas directement accès à la langue arabe et donc aux sources. Ils focalisent leurs efforts sur l'apprentissage des fondements de la foi, *'aquida*, du Coran, de hadiths, des rites, des enseignements pratiques de l'islam. Si l'apprentissage et le rite tiennent une place essentielle dans le cheminement du musulman, ils intègrent un tout dont l'essence est la présence à Dieu du cœur et de l'esprit : « ***Adore-Moi donc et accomplis la prière pour être présent avec Moi*** »[77]. Le rite est un moyen de concrétiser les aspirations de l'être intérieur invité à s'élever dans les hautes sphères de la spiritualité. L'interprétation rigoriste des textes qui gagne du terrain, notamment en France, prône un retour à l'islam originel, fondé sur le Coran et la *sunna*. Cette mouvance affirme représenter la continuation sans changement de l'islam des premiers temps. Ce n'est pas tant en réaction aux principes de la République laïque que ces musulmans agissent, mais davantage pour être en harmonie avec leur conception de la foi. Pour certains d'entre eux, s'installer en Arabie saoudite ou dans un autre pays où l'islam est majoritaire, serait pourtant le moyen de vivre sa foi sans avoir à « subir » les contraintes du cadre laïque.

Pour les musulmans se réclamant de cette mouvance, l'implication dans des domaines autres que ceux du culte reviendrait à se parjurer en quelque sorte. Le vote et d'autres actions citoyennes sont ainsi condamnables à leurs yeux. Ils

77. Sourate **20**, verset 14.

prennent ainsi leurs distances avec d'autres tendances au sein de l'islam qui aspirent à ce que les musulmans jouent un rôle dans la société, et prennent à bras le corps, avec leurs concitoyens, les questions qui ont trait à leur appartenance à la nation. Ce rigorisme, qui s'éloigne du juste milieu que prône l'islam en toute chose, concentre ses enseignements sur les dimensions pratique et légale de la foi. Cette vision des choses exclut toute participation à la vie politique ou aux débats de société. Son objectif est de faire adhérer le plus de musulmans possible à cette tendance et les nouveaux pratiquants, notamment les « convertis », représentent des cibles privilégiées. Le choix de ces jeunes en quête d'identité peut être aussi compris comme une volonté de se protéger contre un modèle de société dont ils rejettent les repères spirituels et moraux.

Certains citoyens occidentaux regardent ces évolutions avec appréhension et hantise en craignant une remise en cause, à terme, de l'idéal laïque, dans ses fondements. Le Prophète a mis en garde le musulman contre toute forme d'extrémisme et de fanatisme : « *Prenez garde à l'excès dans la religion, car ce qui a perdu les gens avant vous, c'est l'extrémisme dans la religion* » [78]. On peut dire que cette approche de l'islam est restrictive dans le sens où elle conçoit le Coran et la *sunna* comme des outils de discernement du licite et de l'illicite, d'où la nécessité d'importer autant de *fatwas* (avis juridiques) qu'il y a de cas concrets qui se posent au quotidien à la pratique de la foi de ces hommes et de ces femmes. Aujourd'hui, il suffit d'aller

78. Hadith rapporté dans les recueils de Ahmad, Ibn Majah et an-Nasa'i.

sur internet pour se rendre compte de la floraison des sites de tendance rigoriste. La mondialisation a joué un rôle facilitateur dans la propagation de cette mouvance, de plus en plus visible, qui bénéficie d'importants soutiens financiers.

Pour les musulmans francophones, puiser dans ces sources aisément accessibles, constitue une solution de facilité. Cette mouvance rigoriste trouve en Europe un terrain fertile, elle séduit de plus en plus de jeunes qui n'ont pas, pour une bonne partie d'entre eux, accès à la langue arabe et voient en ces idées une manière facile de pratiquer leur foi, d'autant plus que cette pensée se réclame du véritable islam. Comme pour affirmer l'authenticité et l'orthodoxie de leur message, les tendances rigoristes ont une propension à rejeter systématiquement ceux qui remettent en question leur légitimité, et à critiquer ceux qui ont une autre vision de l'islam, ou qui combattent la mouvance ouvertement. Le nouvel adhérent ayant appris les rudiments et quelques paroles sur l'islam n'hésite pas à porter des jugements sur des questions de jurisprudence du ressort des spécialistes, ou à « excommunier » selon son bon vouloir tel ou tel savant musulman. On peut dire que cette pensée rigoriste représente à plusieurs égards une vision sommaire et superficielle de l'islam. Elle met l'accent sur ce qui est apparent (gestuelle, hygiène corporelle, tenue vestimentaire) pour éluder la substance, et se focalise sur les points de divergence en accentuant la division et les dissensions au sein de la communauté musulmane. L'attraction que suscitent les modèles importés, en décalage avec les réalités qui caractérisent les sociétés occidentales, s'explique en partie par le fait que les citoyens qui ont grandi en France et ailleurs en Occident, intellectuels, penseurs, cadres, acteurs associatifs, de culture occidentale, qui œuvrent chaque jour sur le terrain, en cherchant à être en phase avec leur identité spirituelle et le contexte qui est le leur, avec ses spécificités, ses contraintes, ses atouts et ses enjeux, sont toujours en quête d'une vision fédératrice à laquelle ils souhaitent adhérer.

Radicalisme et état de violence

Existerait-il un islam modéré, un islam radical, un islam laïque, un islam quiétiste ?

En réalité, il existe différents degrés d'adhésion à l'islam en tant qu'engagement spirituel et en tant que pratique : « *tous les musulmans ne pratiquent pas de la même façon l'islam et, de même, tous les musulmans n'en ont pas la même expérience personnelle* » [79]. Parallèlement, on peut constater des approches très différentes des sources : certaines sont purement philosophiques, d'autres légalistes, et certaines confinent l'islam dans sa sphère spirituelle ou bien dans un activisme pur et dur. L'islam est une religion d'ouverture qui a certes des fondements, mais qui possède en même temps une capacité d'adaptation à un environnement donné. Le rigorisme séduit certains, car il se présente essentiellement comme un mouvement de retour aux sources. Il est d'autant plus mal perçu dans les sociétés occidentales qu'il prend source à l'étranger. Et même s'il est présent de façon diffuse en Occident et qu'il développe une identité singulière,

79. Dasseto, 2007.

le contexte international et la pensée exogène à laquelle il se réfère, alimentent perceptions négatives, amalgames, et un certain rejet de la part des citoyens non musulmans, de ce qui apparaît en non-conformité avec les règles de bienséance du vivre ensemble. Serait-il une sorte d'exutoire pour tous les déçus d'un islam trop « modéré », pour ceux qui cherchent à fuir leur passé, ou pour tous ceux qui prônent une réforme par la radicalisation de leur foi ?

Une telle approche de la foi conditionne la manière d'être ainsi que le regard de l'autre. Le travail de réforme de l'islam, entrepris de l'intérieur, passerait, entre autres, par une critique fondée d'un rigorisme qui contribue à altérer l'image d'une foi, par essence tempérée, qui prône le juste milieu en toute chose [80]. Cette interprétation rigoriste de l'islam conforte les arguments de ceux qui lui associent violence, aveuglement, archaïsme, et tout ce qui va à l'encontre de l'élévation de la dignité de l'homme au-dessus de toute autre valeur. Si le rigorisme obéit à une dialectique simpliste, « nous et vous », ceux qui suivent la « voie véritable » et ceux qui seraient en porte-à-faux avec celle-ci, l'islam est lui plus subtil : la foi relève d'abord du domaine de l'âme, qui est invitée à s'éveiller pour entreprendre un cheminement vers les hautes sphères de la présence à Dieu. L'islam insiste sur le fait que le regard de Dieu ne se porte pas sur les apparences, mais sur les aspirations profondes du cœur. En islam, personne n'est en droit de

80. Sourate **2**, verset 143. Cette notion implique aussi l'idée que le musulman est invité à vivre sa foi et ses valeurs au cœur de la société, en tant que citoyen à l'écoute et au service de ses semblables.

statuer, ni sur les convictions, ni sur les croyances d'autrui, tant qu'elles n'empiètent pas sur la liberté des autres, car cela reviendrait à se placer au-dessus du commun des mortels pour s'autoattribuer un pouvoir de jugement forcément illégitime. La liberté de conscience est un droit inaliénable reconnu tant par les croyants que par les non-croyants. L'interprétation de l'islam, fondée sur une lecture fermée, exclusive des textes, rassure quelque part tous ceux qui récusent l'idée même de réforme et se soustraient au devoir d'effort et de discernement. Elle pousse davantage au suivisme, à adhérer à une pensée prédéfinie, qui n'oblige pas à entreprendre une autocritique approfondie. Si l'islam n'est pas uniquement confiné dans la sphère rituelle, c'est parce, pour le musulman, il est aussi une manière d'être, d'être présent au monde, sans prosélytisme, ni déni de ce qui fait la richesse de la société, le respect de la différence et le droit à être librement différent.

Il n'y a pas des islams, mais plutôt un référentiel sujet à différents courants d'interprétation, différentes lectures des textes.

De jeunes cadres, des étudiants, des hommes, des femmes, en quête d'authenticité, adhèrent en Europe à cette lecture restrictive des sources de l'islam, parfois sans même s'en rendre compte, bien qu'elle soit incompatible avec la réalité des sociétés modernes laïques. Même s'ils ne rejettent pas tout en bloc, le regard qu'ils portent sur la société les contraint à s'imposer des restrictions, de vivre en décalage avec leur environnement. On peut dire que s'il existe un même référentiel propre au radicalisme, il existe différents degrés d'adhésion à cette pensée et différentes expressions de celle-ci.

Pour des individus, en perte de repères, en situation d'exclusion (échec scolaire, pauvreté, chômage, délinquance, discriminations), une adhésion à l'islam, souvent superficielle, apparaît comme une sorte de refuge, de solution à tous les maux. Ils l'associent à une « cause » qui leur est propre et légitiment ainsi leurs agissements. Ils perçoivent la société dans son ensemble comme un ennemi, la cause de leurs échecs et de leur marginalisation. La violence apparaît comme un exutoire à leur ignorance. L'exemple de personnes qui se radicalisent rapidement au sein de prisons en France et ailleurs illustre ce phénomène qui conjugue facteurs humains, environnement socioéconomique, violences, avec en toile de fond, un paysage géopolitique international marqué par des conflits liés de près ou de loin à l'islam et aux musulmans (Afrique, Proche-Orient, etc.).

Dans l'Europe de l'Ouest, les musulmans sont toujours perçus au sein de l'opinion publique comme des « migrants », des citoyens étrangers. Que ce soit en Europe de l'Ouest ou en Europe de l'Est, cette question a suscité un intérêt croissant, notamment du fait d'événements violents liés à l'islam [81].

L'Europe continue de faire face à des actes de violence, des vagues d'attentats, revendiqués au nom de l'islam (France, Grande-Bretagne, Belgique, Allemagne, Danemark). Cette

81. Nielsen, 2011.

réalité pousse les intellectuels et les acteurs de la société civile à s'interroger sur les réelles causes qui ont conduit l'Europe à cette situation (modèle de société et de « vivre ensemble », crise économique, exclusion, contexte géopolitique international).

Orientations bibliographiques

Julien Dray, *État de violence : Quelles solutions à l'insécurité ?*, éditions J'ai lu, 2001.

Pierre Karli, *Les racines de la violence*, Odile Jacob, Paris, 2002.

Jamel Khermimoun, *L'identité heureuse*, Coëtquen éditions, Janzé, 2014.

Conclusion

L'islam, depuis ses origines, a été à la fois source de fascination, d'inspiration, de tensions et de conflits. Il a marqué de manière irréversible le visage, la marche et la destinée de notre monde par l'ampleur de son aire d'influence, à la fois géographique et spirituelle, par le nombre de ses adeptes, par ses vestiges et par des évolutions tumultueuses et passionnantes à plusieurs égards. Pour l'historien Christophe Picard, « *la diversité des situations dans une société d'un milliard de musulmans est le signe que l'islam a engendré des évolutions diverses, mais qu'il ne contient en aucun cas en soi les fondements d'un conformisme ou d'un conservatisme qui seraient plus marqués que dans nos bases judéo-chrétiennes* »[82].

Il a fait preuve au fil de l'histoire, d'une véritable capacité d'adaptation à un monde en perpétuel mouvement, à des contextes culturels, humains, spatiaux et temporels, qui l'ont amené à se réformer, à puiser constamment dans ses ressources, dans ses racines, pour sans cesse se réinventer, tout en cherchant à préserver ses spécificités et son identité profonde.

Les défis qui se présentent à lui, en Europe et ailleurs dans le monde, sont multiples et complexes (contextualisation de ses sources, hétérogénéité de ses courants de pensée et de ses composantes humaines, compréhension des enjeux propres aux sociétés contemporaines, extrémismes, sectarismes…).

82. Picard, 2001.

La richesse de ses sources scripturaires, de son histoire, aux ramifications multiples (à l'image de son expansion géographique, de ses dynasties et des écoles de pensée qu'il a engendrées au fil des siècles), la diversité des populations qui le composent, sont autant d'éléments qui ont contribué à façonner un visage singulier, une identité aux multiples facettes, qui représentent aussi des clés qui le prédisposent à comprendre et à relever les défis auxquels il doit faire face aujourd'hui ainsi que l'ensemble des sociétés au XXIe siècle.

Table des matières

JE VEUX Comprendre

LES TITRES DE LA COLLECTION :

1. *L'Andalousie*, Abderrahim Bouzelmate, 1re édition : 2015, 2e édition augmentée : 2017.
2. *Le soufisme,* Slimane Rezki, 2015.
3. *La réforme en islam - quelques clés de lecture,* Karim Ifrak, 2017.
4. *L'attestation de foi - la šahāda,* Mohamed Bajrafil, 2018.
5. *L'âme en Islam,* Cheikh Diabate, 2019.
6. *Le voile, entre le caché et l'apparent*, Laurence Lécuyer, 2020.
7. *La matraque coloniale - le code de l'indigénat en Algérie*, Samira Benhaddou, 2020.
8. *La Mystique Baye Fall ou La Voie de l'Amour,* Serigne Babacar Mbow, 2020.
9. *Les signes de la Fin du monde - L'essentiel des hadiths sur la fin des temps,* Mostafa Al-Badawî, 2020.
10. *L'héritage en islam - Les règles du droit successoral musulman,* Abdallah Haloui, 2021.
11. *La Finance islamique en Europe - défis et perspectives,* Brahim Mouaine, 2022.
12. *L'Essentiel sur l'islam - Histoire et Fondements,* Jamel Khermimoun, 2022.
13. *Prophétie et Sainteté - Lumière sur le récit de Moïse et d'Al-Khidr* ﷺ, Cheikh Ahmad Tidiane Diabaté, 2020.

Du même auteur :

1. *Politiques urbaines et image du territoire* (L'Harmattan, 2008).
2. *Français et musulman* (L'Œuvre, 2011).
3. *Ethique et environnement* (L'Harmattan, 2016).
4. *L'environnement et l'islam* (Albouraq, 2018).
5. *Islam in Modern Societies* (Westbow Press, 2018).

تم بحمد الله

Ouvrage réalisé par
l'Atelier Graphique Albouraq

—

Impression achevée en août 2022
sur les presses de Dar Albouraq
Beyrouth – Liban